CULTURAS BÁSICAS DEL MUNDO

LOS AZTECAS

EL REINO DEL SOL DE

LOS AZTECAS

POR VICTOR W. VON HAGEN

ILUSTRACIONES DE ALBERTO BELTRÁN

JOAQUIN MORTIZ · MÉXICO

Primera edición en español, 1964
Vigésimo sétima reimpresión, agosto de 1996

Grupo Editorial Planeta
Insurgentes Sur 1162-3o., Col. del Valle
Deleg. Benito Juárez, 03100, D.F.

Título original, *The Sun Kingdom of the Aztecs*
Publicado por The World Publishing Co.
Cleveland, Ohio, EE.UU.

Traducción de Enrique F. Gual

ISBN 968-27-0055-8

INDICE GENERAL

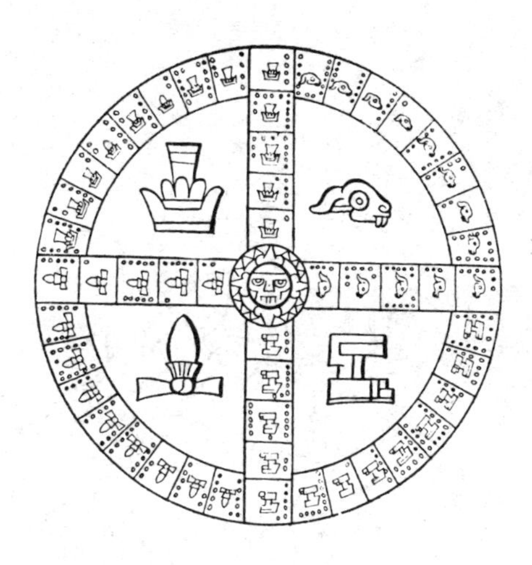

Yo, Bernal Díaz del Castillo... lejos de la costa de México, descubrimos países densamente poblados habitados de indios. Construían casas de cal y canto, adoraban dioses a los que sacrificaban seres humanos, cultivaban maizales y poseían oro... Cuando les preguntamos de qué parte traían oro y aquellas joyezuelas respondieron que de hacia donde se pone el sol, y decían Culúa y México...

En la mañana del 7 de noviembre de 1519 partimos de Ixtapalapa muy acompañados de aquellos grandes caciques... Íbamos por nuestra calzada adelante, la cual es ancha de ocho pasos y va tan derecha a la ciudad de México que me parece que no se torcía poco ni mucho... Desde que vimos cosas tan admirables, no sabíamos qué decir, o si era verdad lo que por delante parecía, que por una parte en tierra había grandes ciudades y en la laguna otras muchas, y veíamoslo todo lleno de canoas, y en la calzada muchos puentes de trecho a trecho, y por delante estaba la gran ciudad de México; y nosotros aún no llegábamos a cuatrocientos... Ya que llegamos donde se aparta otra calzadilla que iba a Coyoacán, que es otra ciudad, donde estaban unas como torres que eran adoratorios, vinieron muchos principales y caciques

con muy ricas mantas sobre sí, con galanía de libreas diferenciadas las de los unos caciques de los otros y las calzadas llenas de ellos. Aquellos grandes caciques enviaba el gran Moctezuma adelante a recibirnos, y así como llegaban ante Cortés decían en su lengua que fuésemos bienvenidos. . .

El gran Moctezuma venía muy ricamente ataviado según su usanza y traía calzados unos como cotaras, que así se dice lo que se calzan, las suelas de oro, y muy preciada pedrería por encima de ellas. . .

En el comer, le tenían sus cocineros sobre treinta maneras de guisados, hechos a su manera y usanza, y teníanlos puestos en braseros de barro chicos debajo, porque no se enfriasen, y de aquello que el gran Moctezuma había de comer guisaban más de trescientos platos, sin más de mil para la gente de guarda. . . Le guisaban gallinas, gallos de papada, faisanes, perdices de la tierra, codornices, patos mansos y bravos. . . .Cuatro mujeres muy hermosas y limpias le daban

aguamanos en unos como a manera de aguamaniles hondos, que llaman xicales... Traíanle fruta de todas cuantas había en la tierra, mas no comía sino muy poca. De cuando en cuando traían unas como a manera de copas de oro fino con cierta bebida hecha del mismo cacao...

Tenía muy buenos arcos y flechas, y varas de a dos gajos, y otras de a uno, con sus tiraderas, y muchas hondas y piedras rollizas hechas a mano, y unos como paveses que son de arte que los pueden arrollar arriba cuando no pelean, porque no les estorbe, y al tiempo de pelear, cuando son menester, los dejan caer y quedan cubiertos sus cuerpos.

Dejemos esto y vamos a la casa de aves, y por fuerza me he de detener en contar cada género de qué calidad eran, desde águilas reales y otras águilas más chicas y otras muchas maneras de aves de grandes cuerpos hasta pajaritos muy chicos, pintados de diversos colores, y también donde hacen aquéllos ricos plumajes que labran de plumas verdes... Di-

gamos de los grandes oficiales que tenía de cada oficio que entre ellos se usaban. Comencemos por lapidarios y plateros de oro y plata y todo vaciadizo, que en nuestra España los grandes plateros tienen que mirar en ello... Pues labrar piedras finas y chalchiuis, que son como esmeraldas, otros mu-

chos grandes maestros. Vamos adelante a los grandes oficiales de labrar y asentar de pluma y pintores y entalladores muy sublimados...

Pasemos adelante y digamos de la gran cantidad que tenía el gran Moctezuma de bailadores y danzadores, y otros que traen un palo con los pies, y de otros que parecen como matachines... No olvidemos las huertas de flores y árboles olorosos... y de sus albercas y estanques de agua dulce.

Cuando llegamos a la gran plaza, como no habíamos visto tal cosa, quedamos admirados de la multitud de gente y mercaderías que en ella había y del gran concierto y regimiento que en todo tenían... Comencemos por los mercaderes de oro y plata y piedras ricas, plumas y mantas y cosas labradas, y otras mercaderías de indios esclavos y esclavas. Traían tantos de ellos a vender a aquella plaza como traen los portugueses los negros de Guinea, y traíanlos atados en unas varas largas con colleras a los pescuezos, porque no se les huyesen, y otros dejaban sueltos... Pasemos adelante y digamos de los que vendían frijoles y chía y otras legumbres y hierbas a otra parte. Vamos a los que vendían gallinas, gallos de papada, conejos, liebres, venados y anadones, perrillos y otras cosas de este arte, a su parte de la plaza...

Como subimos a lo alto del gran Cu, en una placeta que arriba se hacía, adonde tenían un espacio como andamios, y en ellos puestas unas grandes piedras, a donde ponían los tristes indios para sacrificar, allí había un gran bulto de como dragón, y otras malas figuras, y mucha sangre derramada de aquel día...

Luego Moctezuma le tomó por la mano y le dijo que mirase su gran ciudad y todas las demás ciudades que había dentro en el agua, y otros muchos pueblos alrededor de la misma laguna en tierra, y que si no había visto muy bien su gran plaza, que desde allí la podría ver mucho mejor.

Después de bien mirado y considerado todo lo que habíamos visto, tornamos a ver la gran plaza y la multitud de gente que en ella había, unos comprando y otros vendiendo, que solamente el rumor y zumbido de las voces y palabras que allí había sonaba más que de una legua. Entre nosotros hubo soldados que habían estado en muchas partes del mundo, en Constantinopla y en toda Italia y Roma, y dijeron que plaza tan bien compasada y con tanto concierto y tamaña y llena de tanta gente no la habían visto...

Ésta era la capital de los aztecas en 1519, vista a través de los ojos de los primeros españoles llegados a México. Los aztecas tenían más de la mitad de ese gran país bajo su dominio. Tan grande era el territorio que Cortés, el conquistador de los aztecas, confesó al rey de España: "Es tan grande que soy incapaz de descubrir exactamente la exten-

sión del reino de Moctezuma." Supieron —porque lo vieron escrito en los libros pictográficos— que los aztecas tenían bajo tributo a otras 371 tribus y poblados.

¿Cómo ocurrió tal cosa?

¿Quiénes eran los aztecas y cómo habían conquistado tan gran extensión de México?

¿Cómo imprimieron a sus vidas lujo tal que los viejos soldados que conocían Roma y Constantinopla aseguraron que jamás en su vida habían visto cosa igual?

En esto reside su historia.

EL ANTIGUO PUEBLO

Águila que Habla, aunque sólo contaba catorce años de edad, conocía algo de la historia azteca. Sabía cómo se hicieron poderosos los aztecas. Lo sabía porque él, lo mismo que todos los muchachos aztecas, asistía a una escuela distrital de clan. Ahí, hombres viejos, sabios en las cosas de la vida, les contaban quiénes eran los aztecas y cómo habían llegado a ser lo que eran.

Los muchachos llevaban vestidos iguales, porque el ir bien vestidos consistía en vestirse como todos. Aunque los rodeaban volcanes coronados por la nieve, los días eran calurosos en México. Cuanto llevaban era un *máxtlatl,* o taparrabo, una especie de cinturón de algodón atado en la cintura, y una capa. Ésta era de algodón tejido, bellamente adornada con imágenes de animales o de plantas, y como los aztecas desconocían los botones y los alfileres, se la ataban en el hombro.

Águila que Habla pertenecía al clan de los Yopica, como el resto de los muchachos asistentes a su escuela. Había veinte clanes en México, cada uno con su distrito, su escuela y su templo. Esos clanes formaban la tribu azteca. El clan era un grupo, grande o chico, unido por lazos de sangre; de una manera o de otra, Águila que Habla estaba emparentado con todos los miembros de su clan, aunque contase éste con más de veinte mil personas.

El clan era el dueño de las tierras que prestaba a cada uno de sus miembros. De esta tierra, los hombres levantaban las cosechas con las que alimentaban a su familia. Poníase mucha atención en asegurar que una familia numerosa tuviese tierra bastante para alimentar a todos sus miembros. Había posiciones sociales distintas, pero sin clases. El clan, aconsejado por los viejos, elegidos por sufragio, dirigía el distrito.

Los viejos tenían también a su cuidado la escuela del clan. Allí, Águila que Habla, al igual que los otros muchachos, aprendía la historia de su pueblo.

Los viejos la leían de los libros. Tenían dobladas las páginas, hechas de *ámatl*, una especie de papel fabricado de la pulpa del maguey, macerada hasta obtener la consistencia de un tejido grueso. Águila que Habla lo sabía porque su padre había viajado por las cálidas tierras de México y había visto cómo lo hacían. Blanqueaban el grueso papel con una especie de goma, lo calentaban y lo prensaban con piedras calientes. Los hombres que comprendían los misterios de la escritura pintaban en él símbolos de casas, pavos, venados, humo o cuchillos de obsidiana, con los que formaban "pinturas parlantes".

Después de recibir los muchachos del clan lecciones sobre el uso del arco y la flecha, así como de la lanza, y de haber practicado con la lanzadera (en lo que les adiestraba un viejo guerrero), se sentaban en un petate y escuchaban al viejo profesor mientras les hablaba del "antiguo pueblo".

Nadie sabía exactamente cuán antiguo era. Nadie sabía tampoco de un modo preciso cómo llegó ese pueblo a la tierra que ocupaba. Pero llegó. En una u otra época, tal vez cuarenta mil años antes, América y Asia estuvieron unidas por tierra. Un puente natural conectaba ambos continentes. Lo cruzaban los animales, y un día lo cruzó el hombre. Llegó envuelto en pieles para protegerse del frío, y cazaba los animales. Con el tiempo, aprendió a descubrir y seleccionar plantas y con el transcurso de los años convirtiéronse esas plantas en maíz, patatas, calabazas y tomates. Con tiempo y más tiempo, los hombres que llegaron a América por el puente de Alaska dividiéronse en tribus con distintos idiomas, con distintos vestidos y dioses.

En México, y más al sur de México, estaban los mayas. Construyeron grandes templos y ciudades de piedra y habitaron las tierras calientes. Iniciáronse más de tres mil años antes que los aztecas. Aunque Águila que Habla y sus compañeros de clan oían hablar de los mayas como de un pueblo antiguo, no ignoraban que los mayas vivían todavía en algún lugar del sur.

Luego estaban los olmecas. Eran los que habían vivido en dirección del sol naciente, es decir, al este, en las cálidas tierras de la costa del Golfo. Un pueblo misterioso. Nadie podía describir su aspecto. Cuando los guerreros aztecas atravesaron las antiguas tierras olmecas, descubrieron gigantescas cabezas de piedra de dos metros de altura, surgiendo de la selva. Cuando los aztecas empezaron a conquistar ciudades más hacia el sur, hallaron otros testimonios de los olmecas. En Oaxaca, abundante en templos, había grandes ciudades en las montañas que dominan el valle. ¡Otra vez encontraron los aztecas presencias olmecas! Águila que Habla sabía que esto era cierto porque su abuelo, que fue guerrero y luchó junto con el clan para apoderarse de dicha ciudad, había visto los extraños dibujos grabados en los muros. Eran unas grandes cabezas redondas, de narices aplastadas y ojos alargados.

Muchas tribus distintas como ésas habían existido antes, mucho antes que los aztecas. También edificaron grandes ciudades religiosas. En los muros de sus pirámides constaban dibujos de su vida terrenal y de lo que imaginaban sería el más allá. Jugaban con una pelota de hule —un juego parecido al básquetbol— lo mismo que los aztecas. Así sabía Águila que Habla que muchas cosas integradas a la vida azteca habían sido inventadas tiempo atrás.

Otro antiguo pueblo habitó en las selvas de la cálida costa del Golfo, donde había monos y loros. Llamábanse a sí mismos totonacas, y su región se denominaba Tierra Caliente, porque abundaban las lluvias y los árboles crecían desmesuradamente. Enfermaban a menudo de fiebres, que suponían provenir de las selvas. También éstos construyeron ciudades religiosas de piedra, también tenían juego de pelota y pinturas murales en sus edificios, lo mismo que los aztecas. Todavía existían algunas tribus totonacas en Tierra Caliente.

La famosa tribu tolteca edificó sus antiguas ciudades muy cerca de los totonacas. Ignorábase cómo se denominaron los toltecas a sí mismos. Habían desaparecido, y al llegar los aztecas sólo quedaba de ellos el recuerdo. Sin embargo, a sesenta escasos kilómetros de la isla-ciudad de México hállase el valle de Teotihuacán, y levántanse ahí grandes túmulos. "Templos", decía el viejo maestro, "templos, los más grandes y más altos de toda la tierra mexicana".

Fueron los toltecas los más grandes entre los del antiguo pueblo. Iniciáronse mil años antes que los aztecas. Perfeccionaron la escritura. Poseían libros con las hojas dobladas. Elaboraban bellos tejidos con el algodón que recibían de las tribus residentes en tierras calientes. Y eran expertos cons-

tructores. Sus templos y ciudades fueron mayores que cuantas les habían precedido. Un buen escultor o buen pintor, entre los aztecas, era llamado tolteca.

Los aztecas heredaron cuanto tenían de esos antiguos pueblos. El viejo maestro de escuela no lo negaba.

¿Cuándo se iniciaron los aztecas?

El viejo profesor conocía la fecha exacta. Fue en el año azteca 2 Caña, es decir, el año de 1168. Estaba claramente escrito en los libros doblados. La fecha había pasado de padre a hijo, y cuando los aztecas empezaron a escribir, fue recordada y anotada.

Creían unos que se originaron los aztecas en el lejano norte, es decir, más allá de Arizona; suponían otros que provenían de la legendaria tierra de Aztlán, mas nadie sabe dónde se hallaba tal lugar. Sea lo que fuere, agregaba el viejo, reza la tradición que los aztecas empezaron su existencia en 1168. Fue entonces cuando adquirieron conciencia de quiénes eran, y fue entonces cuando los clanes forcia maron una tribu y empezaron a errar hacia el sur, en busca de tierra.

Naturalmente, las tierras fértiles estaban ya ocupadas y las tribus que en ellas vivían no veían con buenos ojos el establecimiento de los aztecas, y que cultivasen maíz y calabazas, chile y frijoles. Así, los aztecas trasladábanse de lugar en lugar, siempre en dirección a los grandes lagos mexicanos, hacia la legendaria región de Anáhuac.

No eran entonces muy numerosos los aztecas, a lo sumo un millar. Aunque orgullosos y muy dados a guerrear, eran demasiado pocos para pelear con los pueblos que hallaban

en su camino hacia los lagos. No contaban ni con lana ni algodón, por lo que las mujeres hilaban la fibra del maguey y con ella tejían vestidos. Tampoco tenían libros, y nadie sabía de escritura. Llamaban a su dios Colibrí Brujo. A todas partes llevaban su imagen y, al acampar, la erigían. Dícese que una noche el ídolo les dirigió la palabra.

"Buscad tierras y evitad la guerra", dijo. "Mandad exploradores delante de vosotros, que planten maíz, calabazas y frijoles. Cuando esté madura la cosecha, trasladaos a esa tierra. Proseguid así hasta que encontréis tierra libre de dueño. Llevadme a mí, el Colibrí Brujo, al frente; alimentadme de los corazones humanos arrancados a los guerreros que aprehendáis en batalla, y que me ofreceréis en sacrificio."

Obedecieron los aztecas.

¿Fue cierto que el Colibrí Brujo les habló? Sí, el dios habló en lenguaje de dios, que no es el nuestro, con el que nos comunica el anhelo de nuestros corazones. Cuando tal cosa ocurre, le oímos.

Posteriormente al año de 1168, los aztecas llegaron al valle de los lagos de México.

En este punto de la historia, el sabio maestro mostró a los muchachos las páginas del libro donde se relataba cómo llegaron los aztecas. Rodeáronle mientras volvía las páginas. Veían en ellas huellas de pies, cruzándolas. Sabían que esas huellas indicaban un viaje. Aparecían también los jefes de tribu, transportando sus pertenencias sobre los hombros. Encima de las cabezas había un dibujo —una especie de escudo de armas— que explicaba el nombre de cada uno de los clanes de la tribu.

Cinco nombres tenían los lagos de México aunque, realmente, formaban un solo lago, de más de setenta kilómetros de longitud. Alzábanse a su alrededor altas montañas y volcanes. Dos de éstos estaban coronados por la nieve durante todo el año. Hacía calor en el curso del día; por la noche, debido a estar el lago a 2 200 metros de altura, hacía frío. En las orillas del lago central, llamado de Texcoco, había muchas ciudades, algunas construidas de piedra. Era cada una de ellas como un Estado, y las ocupaban gente distinta con distinto idioma. Tenían asimismo costumbres diferentes, aunque adoraban dioses de la tierra, del cielo, de las plantas. Y todas eran enemigas entre sí.

La tribu azteca se aposentó alrededor de las playas del lago. Cortaron algunos de los grandes cipreses y construyeron sencillas casas con adobe, que techaron con hierba seca. Elevaron un templo en el que entronizaron a Huitzilopochtli, el dios Colibrí Brujo. Iniciaron las milpas, o sea pequeñas plantaciones de maíz. Cultivábanlas indistintamente hombres y mujeres; en cada montecillo de tierra depositaban tres granos de maíz y un pescado muerto, en calidad de fertilizante. Luego, tras la cosecha de maíz, plantaban frijoles en el mismo sitio, que trepaban por el tallo del maíz. Después, plantaban calabazas. Así llegó el pueblo azteca a los lagos de México.

Y empezaron las guerras.

Al escuchar la palabra "guerras", los muchachos se echaron adelante con objeto de contemplar los dibujos que rela-

taban la historia guerrera. Mostraban éstos a los guerreros aztecas con sus largas lanzas, luchando contra otras tribus, a las que incendiaban sus templos. No salían siempre vencedores. Perdieron en muchas ocasiones y, durante largo tiempo, quedaron los aztecas sometidos a esclavitud por el pueblo que los conquistó.

Águila que Habla conocía muy bien esta parte de la historia. Su abuelo supo leer en los libros. Águila que Habla recordaba los relatos sobre el antiguo pueblo que su abuelo, vivo todavía entonces, les contaba por la noche, a los que agregaba cómo los aztecas escaparon de la esclavitud.

Una noche, todos los guerreros aztecas esclavizados reunieron a sus familias y, en silencio, se dirigieron al bosque de Chapultepec. Ahí habían escondido canoas entre los enormes árboles, canoas que construyeron aprovechando distracciones de sus señores. Con el mayor sigilo posible, lleváronlas a orillas del lago. Entonces, en la quietud de la noche, iluminada por mil estrellas y por la luna que refulgía en las eternas nieves del Popo, la montaña volcánica Popocatépetl, los guerreros remaron hacia dos pequeñas islas del centro del lago de Texcoco, a más de siete kilómetros de la orilla. Cuando desembarcaron, estaban ya allí otros aztecas, llegados de otros sitios de tierra firme. Antes de que sus señores supieran de lo ocurrido —que los aztecas habían escapado y a dónde habían huido— la tribu hallábase afianzada en las islas.

Ocurrió esto en 1321; todo había sido planeado en secreto. Recordaba siempre con orgullo Águila que Habla que su clan, el de los Yopica, fue de los primeros en abandonar la tierra firme.

En las islitas no había lugar para todos. Durante los primeros años, construyeron los aztecas sus casas con junquillos del lago, tejidos como cestos. Encima prensaron lodo, que con el curso del tiempo se endurecería como cemento. Para techar las casas usaron largos hierbajos fuertemente atados entre sí. Emplearon toda la tierra pantanosa para cultivar maíz y frijoles, calabaza y chile. Luego, cuando no encontraron más tierra, los aztecas hicieron chinampas.

No había muchacho azteca que ignorase lo que era una chinampa. Águila que Habla, siguiendo instrucciones de su padre, hizo la primera de su vida cuando sólo contaba ocho años. En primer lugar, tejían con juncos un gran cesto, de forma ovalada, de unos dos metros y medio, y depositaban una capa de hojas en el fondo. Luego anclaban el cesto en el lago, a la orilla de la isla, y lo llenaban con tierra extraída del lecho. Ésta era una operación favorita de los muchachos, a quienes encantaba bucear en las aguas para hacerse del rico lodo. Cuando habían rellenado la chinampa y se había secado la tierra, los aztecas plantaban en ella maíz, frijoles y otras plantas.

México es una tierra tropical y las plantas de las chinampas crecían rápidamente. No tardaban las raíces de los árboles y de los arbustos en perforar el tejido del cesto y en penetrar en el fondo del lago. Poco después, la chinampa quedaba firmemente anclada.

Hiciéronse centenares y millares de estos cestos-jardines, y se pusieron en la proximidad de las islas. Después de cierto tiempo, aumentaron su extensión y se convirtieron en una sola. Al poseer un azteca diez chinampas ya ancladas, la tierra por él creada era lo suficientemente grande como para edificar en ella su casa. Cada uno de esos grupos de jardines flotantes estaba separado de los otros mediante canales. Así se agrandó la ciudad azteca.

Cuatro años más tarde, en 1325 —el año azteca 2 Casa— reuniéronse los aztecas en una gran plaza situada en el centro de su isla-ciudad para llevar a cabo la dedicación del templo-pirámide, al que llamaron Teocali. No era entonces muy grande, decía el maestro a los muchachos, quienes veían una y otra vez los escalones de piedra y el templo en la cúspide de la pirámide, según lo representaban los libros. Era de modestas proporciones, como la pequeña isla, y como reducido era el número de la gente que edificó la ciudad con sus propias manos. En ese día consagróse la ciudad de México. Llamáronla los aztecas Tenochtitlan, debido a que había en ella muchos nopales o tunas, y por ser *tenoch* el nombre indígena de esas plantas. Denomináronse a sí

mismos tenochcas, el pueblo de Tenoch, y así su capital convirtióse en Tenochtitlan, o sea "En el tunal sobre la piedra."

Año tras año trabajaron los aztecas edificando su isla. Pronto empezaron a vender productos a otras tribus de tierra firme. Descubrieron que un extremo del lago era muy salino a consecuencia de no tener salida las aguas. Aprendieron a elaborar la sal y empezaron a venderla. También aprendieron los aztecas a usar sus manos como hábiles artesanos. De la obsidiana, una materia volcánica y negra, hacían espejos; la encontraban en las faldas de las grandes montañas volcánicas, y la pulían hasta que brillaba como el cristal. Aprendieron a hacer fuertes arcos y flechas, y con la obsidiana lograron hacer unas puntas de lanza cuyos filos cortaban como una navaja de afeitar.

Ocasionalmente, originábanse guerras; los aztecas, poco a poco, obtuvieron tierras en las orillas del lago. Cultivábanlas tribeños que diariamente llegaban a ellas remando desde la isla. La tribu crecía. Las aguas la protegían de ataques; no tardaron en ser lo suficientemente fuertes para combatir enemigos poderosos. Las otras tribus aposentadas alrededor del lago empezaron a sentir el poder azteca. Hacia el año de 1400, toda la tierra que se extendía por la vecindad del lago había pasado a manos aztecas.

Fue entonces cuando uno de los grandes dirigentes, al que los aztecas llamaron "Gran Tlatoani" o "Supremo Gobernante" en vez de emperador, construyó el primer puente a la tierra firme.

"Es llegado el día que debe vernos unir a las tierras de Anáhuac", dijo al consejo de ancianos Huitzilhuitl, que este era el nombre del Tlatoani. Lo que indicaba era claro: la ciudad, la capital Tenochtitlan, debía estar unida a tierra firme mediante puentes. Pero ¿cómo? "Pues bien", dijo Huitzilhuitl, "tenemos canoas. Juntemos 2 000 de ellas", y escribió el símbolo equivalente a 2 000 en un pedazo de papel, donde su artista pintó a su vez una canoa. Pasó el papel de mano en mano entre los del consejo, con objeto de que vieran todos cuántas canoas debía suministrar cada uno de los barrios de la ciudad. "Cuando estén las canoas en su lugar, ancladlas. Luego tended tablones de madera encima. Esto será el puente." Posteriormente, los trabajadores podrían substituir las canoas por chinampas, fijarlas en el lago y construir el puente encima. En esta forma quedaría solidificado.

Al principio del consejo no creían que fuera posible construir un puente, pero a los jóvenes los poseía la ambición y el deseo de hacer de su ciudad la más bella entre todas. Dijeron que podía hacerse. Y se hizo. Tenochtitlan, la capital de los aztecas, quedó conectada con la tierra firme mediante un puente de pontones de cinco kilómetros de longitud. Sólo fue el principio. Ahora, según Águila que Habla sabía, existían cuatro calzadas tendidas hacia tierra firme, en dirección a los cuatro puntos cardinales: norte, sur, este y oeste.

Los dirigentes aztecas, en vista del continuo crecimiento

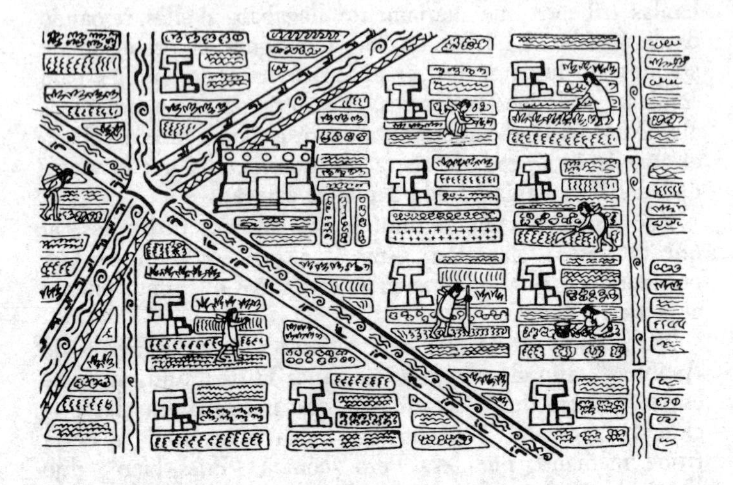

de la ciudad, pensaron en las comodidades del pueblo. Todo debía estar ordenado. En otro tiempo, el agua fresca provenía de los manantiales de las islas. Mas al ampliarse la ciudad, los aztecas tenían que traer agua potable a bordo de canoas. Como esto requería demasiado tiempo, resolvieron construir un acueducto. Fue otra gigantesca calzada, un puente de barcazas que unía la ciudad de México con el bosque de Chapultepec, en tierra firme.

Éste era el bosque que abrigó a los aztecas antes de que fundaran su ciudad. Ahí los árboles alcanzaban grandes alturas, y eran tan enormes que veinte hombres agarrados de las manos no podían rodear los troncos de los mayores. En este bosque brotaban manantiales de agua fresca. Así construyeron los aztecas el puente entre Chapultepec y la ciudad.

En el año de 1440, el jefe azteca era Itzcóatl, nombre que significaba Hoja Serpentina. Convocó el gran consejo. Reunióse en su palacio, de cuyos muros colgaban bellos tapices de algodón. Los consejeros bebían chocolate en copas de oro, y en el centro de la pieza ardían brillantemente los braseros que mitigaban el frío. Itzcóatl, quien en su calidad de Gran Tlatoani presidía el consejo, tomó la palabra.

La ciudad debía contar con un mejor suministro de agua. El traerla por medio de canoas significaba gran pérdida de tiempo, y el que hombres y mujeres la acarrearan a cuestas a través del puente de Chapultepec en grandes tinajas significaba también un largo viaje. Debían construir un acueducto gigantesco. Para explicar cómo hacerlo, el artista de Itzcóatl, sentado a su lado, dibujó un puente de pontones; agregó al dibujo el símbolo azteca del agua y representó las tuberías que conducirían el agua.

Los del consejo pusiéronse a discutir, porque ésta era una tarea mayor de lo que había significado construir la primera calzada a la tierra firme. Preguntábanse todos cómo debía hacerse. Dijo entonces Itzcóatl: "La haremos de barro, tal y como hacemos nuestra alfarería."

Todos supieron en seguida lo que quería decir. Los aztecas hacían su cacharros de barro. Les daban forma, los pintaban y los endurecían al fuego. También sabían cómo ejecutar por el mismo medio grandes ornatos para sus templos. No había razón para que no hicieran con el mismo procedimiento los tubos para el acueducto. Resolvieron hacer de barro esos tubos, de un espesor igual al de un cuerpo humano; los unirían uno a otro de modo que se evitara el peligro de que gotearan las juntas. Sin embargo, ¡la conducción medía ocho kilómetros! ¿No era esto pedir demasiado de un pueblo que sólo doscientos años antes era un grupo de cazadores nómadas? Pero nada era demasiado grande ni demasiado pequeño para los aztecas. Así que lo construyeron.

Dos años después, no había uno sino dos grandes tubos de barro, del grueso de un hombre, que conducían agua a lo largo del puente del bosque de Chapultepec. A poco, en todas partes de la ciudad se contaba con agua fresca. Conducíanla a las fuentes donde, según sabía Águila que Habla, iban las mujeres por la mañana y por la noche para llenar los grandes jarros rojos que llevaban llenos a sus casas. Todos los muchachos de la escuela del clan conocían esa gran proeza de los aztecas. Sentíanse orgullosos de su pueblo.

La tribu azteca era ahora la más importante. A nadie temían. Poseían un ejército tan grande que podía permi-

tirse el dejar entrar a cualquiera en su capital isleña, invitando a todos a transitar por las cuatro calzadas que la unían con la tierra firme. Las tribus de los alrededores del lago, antes enemigas de los aztecas, eran ahora amigas de ellos. Cada día traía nuevas victorias. Los guerreros aztecas habían conquistado todos los pueblos al sur de los lagos de Anáhuac así como los del este, ciento cincuenta kilómetros más allá de las montañas, pueblos que habitaban la tierra caliente a lo largo de las playas totonacas, la tierra donde había monos y jaguares, pájaros de larga cola y cocodrilos.

Más allá estaba el mar, el gran lago, según lo llamaban los aztecas. Jamás navegaron por él, puesto que eran indios habitantes de la montaña y temían al mar. Mas todas las tierras calientes, las que se extendían a cientos de kilómetros al norte y a cientos de kilómetros al sur estaban dominadas por los aztecas. A lo largo de la costa, a cada ciento cincuenta kilómetros, alzábase una fortaleza azteca.

Moctezuma era ahora el Gran Tlatoani azteca, y a la sola mención de su nombre los muchachos aztecas temblaban ligeramente de temor y respeto. Al pasar Moctezuma debían inclinarse los aztecas, y mirar al suelo. Nadie podía verle los ojos. Vivía con sus guardias y su séquito en un palacio edificado cerca de la gran plaza donde estaba el mercado y donde se alzaba la gran pirámide. En el interior del palacio tenía un jardín zoológico donde conservaba especies de todos los pájaros y animales salvajes del reino.

"No debe temerse a Moctezuma", decía a los muchachos el viejo maestro." "No es un dios. Debe amársele y respetársele como jefe nuestro."

Así lo consideraba Águila que Habla. Moctezuma, lo mismo que todos los gobernantes aztecas, había sido elegido Gran Tlatoani. Sin embargo, no ignoraba que una palabra de Moctezuma podía significar la vida o la muerte. Así, aunque él y sus compañeros le respetaban, también le temían.

Águila que Habla miraba a través de la puerta de la escuela y veía a la gente ocupada en sus labores; unos pescaban, otros, a bordo de las canoas, traían productos al mercado. Veía asimismo el alto Popocatépetl cubierto de nieve elevarse en el cielo, con una ligera columna de humo emergiendo de su cráter. Todo estaba en calma y reinaba la paz, lo mismo que en toda la tierra mexicana que se extendía más allá de la ciudad. Las tribus conquistadas vivían pacíficamente, trabajando como siempre hicieron para entregar su tributo a los aztecas cada seis meses. Tras recolectar ese tributo, lo llevaban a la ciudad, y la ciudad crecía en riqueza y belleza. Nadie en esa anchurosa y bella tierra se atrevía a alzar su voz contra el Moctezuma de los aztecas. Todo estaba bien, excepto. . .

Excepto algo que ocurría en el océano. Nadie sabía todavía de qué se trataba, pero en las casas se murmuraba, y Águila que Habla había oído cómo su padre hablaba de ello en voz baja con otros hombres, que acudían a su casa al caer la tarde. Algo ocurría allá en el mar. Hombres extraños que navegaban en extrañas embarcaciones aparecían y desaparecían a lo largo de la cálida costa totonaca. El padre de Águila que Habla decía que se venía repitiendo el suceso desde un año después que naciera el muchacho. Supieron los aztecas de los hombres extraños en 1502, cuando aparecieron por primera vez; ahora habían vuelto. Suponían algunos que regresaba a México el dios Serpiente Emplumada, como un día dijo que lo haría. Lo mismo pensaban los sacerdotes, quienes, noche y día, ofrecían plegarias a los dioses, estudiaban los horóscopos y consultaban las viejas escrituras para ver si iba a cumplirse la profecía de la Serpiente Emplumada.

Águila que Habla supo del dios Serpiente Emplumada casi tan pronto como aprendió el nombre de su madre. La Serpiente Emplumada estaba en todas partes de la tierra. En todas partes aparecía su figura, en los muros de las escuelas donde los muchachos aztecas estudiaban para sacerdotes, y aparecía también en lo más alto de los templos. Estaba grabada en piedra en los escalones de los templos. El dios Serpiente Emplumada llevaba una máscara de pájaro con boca de sierpe —una boca abierta que mostraba los dientes y los colmillos de la serpiente— y ondeaban en su cabeza las más bellas plumas del mundo, las plumas verdes y doradas del quetzal. Cuando Moctezuma y sus principales se vestían de gran boato llevaban puestos adornos en la cabeza con las plumas verdes y doradas del quetzal, que casi tocaban el suelo.

¿Quién era este dios serpiente al que los aztecas llamaban Quetzalcóatl? Antes de convertirse en dios fue un hombre —un rey o un jefe— del pueblo tolteca, que vivió mil años antes de surgir los aztecas. Los toltecas fueron grandes constructores y maravillosos artesanos; todavía pueden admirarse restos de sus templos en el valle de Teotihuacán —el lugar de los dioses. Quetzalcóatl —este nombre significa Serpiente Emplumada— construyó la ciudad de Tula, una asombrosa ciudad de piedra decorada con cabezas de serpiente labradas y con plumas de quetzal. En la ciudad había una sala de guerreros con su propia escultura de piedra en las pilastras.

Tanta fama obtuvo la ciudad de Tula que se reverenció a Quetzalcóatl como a un dios. Celebrábase el día de su nacimiento, el año 1 Caña.

Dicen las historias pictográficas que peleó con otro dios, un dios que llevaba el extraño nombre de Espejo Humeante. El dios Serpiente Emplumada era bueno; era el genio de los vientos y el dios del conocimiento. Se oponía a los sacrificios humanos. Creía que podía comprenderse mejor a la naturaleza estudiándola que sacrificándole seres humanos en el altar del templo para obtener el auxilio de los dioses en contra de la naturaleza. De modo que la Serpiente Emplumada estaba contra Espejo Humeante, quien pensaba todo lo contrario.

Nadie sabía exactamente si esos hombres fueron realmente mortales que lucharon por el reino de Tula o si fueron verdaderamente dioses. Tal vez los sacerdotes cambiaron la historia en leyenda para que la gente sencilla la comprendiera mejor. El padre de Águila que Habla, muy entendido en estas cosas, porque en su calidad de guerrero había viajado por esas tierras y había visto con sus ojos las ruinas de Tula, solía decir: "La Serpiente Emplumada, a la que llamamos Quetzalcóatl, fue primeramente hombre. Vivió en Tula en el año de 1080, en la época en que los nuestros, los aztecas, empezaban a saber quiénes eran, antes de que tuvieran mantas de algodón, escritura y templos."

Estalló la guerra civil entre Quetzalcóatl y Espejo Humeante, y viose obligado Quetzalcóatl a abandonar su tierra. Lo exiliaron, y muchos de sus guerreros partieron con él. Erraron hacia el sureste hasta llegar a la tribu mixteca, la cual, oyendo de la grandeza de Quetzalcóatl, lo invitó a entrar en su capital, llamada Cholula. Allí permaneció, y allí dirigió la construcción de la pirámide-templo más alta de México, tan alta que la denominaron la Montaña Creada por el Hombre.

También construyó Quetzalcóatl el juego de pelota de Cholula y enseñó a la gente el sagrado juego que se llevaba a cabo con pelotas de hule. Asimismo les enseñó a escribir el idioma pictográfico de México. Pero Espejo Humeante, todavía enemistado con él, no estaba dispuesto a dejarlo en paz. Tal vez amenazó con declarar la guerra a los mixtecas y destruir su gran templo si permitían al dios bueno seguir residiendo entre ellos. Tal vez hubo otras razones que obligaron a Quetzalcóatl a marcharse de la tierra de los mixtecas porque ¿quién sabe de los designios de los dioses? Son inescrutables. Sea cual fuere la causa, Quetzalcóatl y los guerreros que no quisieron quedarse, se marcharon de aquella tierra y se dirigieron hacia el mar, a Xicalango.

Xicalango era un antiguo centro comercial situado en una gran laguna, donde acudían indios de México y Yucatán, de Honduras y de otros lugares a centenares de kilómetros, con objeto de cambiar mercancías. Águila que Habla conocía muy bien ese nombre, puesto que de allá le trajeron el gran caracol blanco que solía ponerse en la oreja para escuchar el rumor del mar. Aun cuando hubiese guerra entre las tribus, declarábanse treguas en Xicalango con objeto de que la gente pudiese comerciar entre sí. Era costumbre no meter armas en ese centro comercial; la gente que iba a realizar trueques, llegaba en paz. Xicalango era el único lugar en donde los mayas —una gran tribu de Yucatán, donde habían edificado inmensas ciudades de piedra, tan altas que se alzaban por encima de los árboles de la selva— se comunicaban con los aztecas. Porque las dos tribus se odiaban mutuamente y sólo la lejanía que las separaba imposibilitaba

la guerra entre ellas. Sin embargo, en Xicalango mayas y aztecas comerciaban y departían. A este lugar, pues, llegaron Quetzalcóatl y sus guerreros.

En aquellos días tenía lugar una guerra civil en Yucatán, y los mayas andaban en busca de guerreros. Conocían la reputación de los luchadores toltecas, que usaban grandes arcos y flechas y arrojaban dardos con el *átlatl* o lanzadera, con tal fuerza que perforaban el cuerpo de un hombre. Algunos jefes acudieron a susurrar a oídos de los guerreros. Si convenían en servir como soldados y combatir a su lado, dijeron a los toltecas, y si derrotaban al otro grupo maya, serían recompensados.

Nadie sabe exactamente qué ocurrió después de esto. Aceptaron los guerreros toltecas, aunque hay quien supone que Quetzalcóatl no aceptó. En vez de combatir, construyó una gran canoa y se preparó para hacerse a la mar. ¿Se dirigía a la muerte debido a que no pudo lograr que las tribus vivieran juntas, como hermanos? ¿Le entristecía ver que nadie comprendía lo inútil de los sacrificios humanos? No hay respuesta plausible. Pero, de acuerdo con las tradiciones representadas en los libros, dijo al pueblo: "Parto lejos, pero algún día, un día en que se celebre mi nacimiento, un año 1 Caña, regresaré y volveré a establecer en México mi antiguo reinado,"

Después que hubo partido, convirtióse en dios del panteón azteca: el dios de los vientos y el dios del conocimiento. Era muchas cosas, y todas las cosas, para todos los hombres. Y ahora...

¿Qué eran esos extraños portentos? ¿Quiénes eran esos extraños hombres barbudos de blanca piel cuyos extraños navíos aparecían y desaparecían a lo largo de las costas de México? Los sacerdotes habían hecho cálculos basados en sus libros, horóscopos y calendarios y se revelaba que el año 1 Caña, el año en que anunció Quetzalcóatl que regresaría, sólo podía ser el 1467 o el 1519. Y para llegar a 1519 sólo faltaban cuatro años...

LAS MILPAS

Los batientes tambores, sonando como el trueno hasta que empezó a escucharse el rugir de los cuernos, los despertaron. Águila que Habla abrió los ojos. Había empezado otro día. Al alba, cuando las estrellas reinaban todavía en el cielo, despertaban a los habitantes de México los tambores y los cuernos de los templos. El batir empezaba en el gran teocali de Tenochtitlan; luego seguía templo tras templo, a través de toda la ciudad.

Como la mayor parte de las casas aztecas, la que habitaba la familia de Águila que Habla tenía solamente dos habitaciones. Una era el dormitorio, en donde dormía toda la familia, que ocupaba un lecho formado por un banco de tierra cubierto por un petate. Por cobertor utilizaban un lienzo de algodón rústicamente tejido. El suelo de esa habitación era de tierra prensada, que con el tiempo se endurecía como el cemento; encima, tendíanse a veces algunas pieles. En un rincón estaba el arca de petate tejido, donde guardaba la familia los objetos preciados; de los muros pendían redes de pescar, lanzas y vestidos, suspendidos en colgaderas.

La otra habitación de la casa era la cocina. Ahí, al alba, la madre y las hermanas preparaban los alimentos. Había en el suelo un metate, especie de mortero de piedra usado para moler maíz, con el cual se hacía pan. Para trabajar en él, debe uno arrodillarse.

La molienda del maíz era una labor de mujeres. Nunca la hacían los hombres, pese a ser una tarea lenta y pesada. En primer lugar, dejaban en cal el maíz, con lo cual el grano se reblandecía; hervíanlo después en una gran olla roja, hasta que se descascaraba. Por fin, el blanco y blando maíz era depositado en el metate y lo molían con un cilindro de piedra que encaja perfectamente en la forma dada a la superficie del metate. Tras molerlo dos veces, tomaban algo de masa de maíz y golpeándola en las palmas de las manos prensaban las tortillas. En ese momento quedaba dispuesta la tortilla para el comal, que tenían junto al metate. Cocían en él la tortilla, primero un lado, después el otro.

Esas tortillas, llamadas *tlaxcalli,* constituían la parte principal de las comidas de los aztecas. Eran su pan. Se utilizaban asimismo como cuchillos y tenedores, ya que los aztecas desconocían tales instrumentos. Sobre las tortillas

apilaban los negros frijoles o pedacitos de carne de venado, las enrollaban, y se lo comían.

Por contar ya catorce años, Águila que Habla tenía derecho a un par de grandes *tlaxcalli* diarias. Recordaba que a los cuatro años sólo le tocaba media tortilla. Cuando alcanzara la edad de su padre, obtendría cuatro.

Al nacer el día, las mujeres servían la comida a los hombres de la casa, padre e hijos, sentados en cuclillas sobre esteras de hierba. Los aztecas pobres no poseían sillas; utilizaban petates. Las mujeres comían solas. El comer era un asunto serio; nadie pronunciaba palabra, a menos que Átox, el padre, considerase oportuno comunicar algo de gran importancia a sus hijos. Y apenas brillaba la luz, esa familia, lo mismo que todos los aztecas de la gran ciudad blanca, se disponían a partir hacia sus campos.

Aparte la religión y la guerra, lo más importante en la vida azteca eran sus parcelas de tierra. Todos, o casi todos, eran agricultores. Nunca tenían que recordarle tal cosa a Águila que Habla. Lo sabía desde el mismo instante en que comenzó a caminar, y aun antes, desde que su madre lo llevaba —envuelto en la espalda— al campo de maíz, que llamaban milpa. Sus primeros recuerdos eran del maíz maduro y la canción del maíz que cantaba su madre a la vez que trabajaba en el campo.

En el patio exterior de la casa de Águila que Habla había un jardín donde sus hermanas cultivaban flores y chiles para sazonar los alimentos. Los remos de la canoa pendían del muro; la embarcación de la familia flotaba en un pequeño canal vecino de la casa. La madre de Águila que Habla tomaba una calabaza de agua y una bebida llamada *octli,* unas tortillas y carne y lo envolvía en un lienzo de algodón, que ponía en la canoa. Ésta sería la comida de mediodía. Luego, Átox y su hijo mayor, auxiliándose con una pértiga, alejaban la canoa del pequeño canal, bordeado de casas como la suya, y entraban en el lago, lleno de barcas. Dirigíanse todos hacia tierra firme.

A la luz de la aurora, la blanca ciudad de Tenochtitlan parecía flotar en el agua. Millares de jardines llenos de ár-

boles y flores se extendían alrededor de las casas de techumbre plana. Muchas de éstas alzábanse en las chinampas, los jardines hechos de mimbre en las que se había edificado una parte de la ciudad.

Para alimentarse, los aztecas no dependían ya de esos jardines flotantes. Poseían toda la tierra de los alrededores del lago. Pertenecía a los clanes, puesto que ningún azteca, salvo el Gran Tlatoani, podía ser dueño de tierras. Toda la tierra era propiedad de los clanes —había veinte de ellos— y cada extensión estaba parcelada entre los miembros del clan, de acuerdo con el número de familiares. Seis eran los familiares de Águila que Habla; habían recibido seis parcelas, y esto constaba en los libros de registro del clan. La familia no era propietaria de la tierra; solamente era dueña de los frutos y hortalizas que en ella cultivaba. Cuando falleciera el padre de Águila que Habla, el clan volvería a prestar a sus hijos la parcela. Si una familia quedaba sin hijos, el clan reclamaba la parcela y la prestaba a otros. Era una antigua costumbre.

Ahora había ya madurado el maíz. Aguila que Habla sabía exactamente qué cosa debía hacer. Caminaba a través de los campos y doblaba las hojas, de modo que ocultaba las mazorcas para que no las comieran los pájaros.

Nadie sabía de una época en que los aztecas no hubiesen comido maíz, la planta llamada *centli*. Todos los indios lo tenían, y no podían imaginar un mundo sin maíz. Lo cultivaban en las milpas durante dos o tres años consecutivos. Después, debido a que sus fertilizantes eran pobres y la tierra exhausta sólo producía un grano minúsculo, debían buscar nuevas tierras. Significaba esto que los clanes y la tribu tenían que contar con considerables reservas de tierra con objeto de que los viejos campos descansaran. Ésta era una de las razones por las que, a medida que crecía la ciudad de México y aumentaba el número de sus habitantes, los aztecas hacían la guerra. Necesitaban más tierras.

Entre los aztecas casi todos eran agricultores. Y guerreros lo eran todos sin excepción. Los aztecas eran agricultores-guerreros, alardeaba orgullosamente el padre de Aguila que Habla. Al rugir el caracol de guerra, todos los aztecas abandonaban sus campos, corrían a los lugares de reunión del clan donde se almacenaban armas y escudos y marchaban donde se libraba la batalla. Pero los sentimientos de los aztecas estaban más aferrados a la tierra. Conocían el suelo; conocían los cielos; sabían cuándo llovería o cuándo soplarían los vientos.

Era costumbre india sembrar el maíz en marzo, después de las lluvias. Cuando la tierra estaba blanda, cavaban agujeritos en los montoncillos, a un metro de distancia unos de otros, y depositaban tres o cuatro granos. El preparar el suelo con el solo auxilio de un bastón punzante endurecido al fuego, era la labor más pesada y, habitualmente, los indios se ayudaban entre sí. Cuando el *centli* medía treinta centímetros, plantaban a su alrededor los frijoles de rápido crecimiento. Enredábanse los tallos en el maíz a medida que éste aumentaba en altura. Después, sembraban las calabazas.

En abril llovía abundantemente. Como era el dios de la lluvia quien proporcionaba tal beneficio, era costumbre venerarle y ofrecerle sacrificios para que no cesara la lluvia. En julio empezaba a madurar el maíz y celebrábanse entonces más festivales en honor del dios. Ahora, época de trabajo para Águila que Habla, era septiembre, periodo de cosecha.

Año tras año, generación tras generación, el padre enseñaba al hijo, y el hijo al hijo, las cosas de la tierra. Porque fue sometiendo la naturaleza a su voluntad como los aztecas aprendieron a cultivar plantas silvestres. En su primitiva vida de tribu viéronse obligados a emplear todo el tiempo en la caza de animales salvajes o en la búsqueda de frutos o granos silvestres para no perecer. No tenían ciudades, sino que caminaban constantemente a través de la tierra en busca de alimentos. Luego, con el transcurso del tiempo, aprendieron a cultivar plantas. Esto les proporcionó tiempo para descansar.

Más recientemente, el consejo del clan puso a discusión cuánta tierra necesitaba cada azteca para sostener a su familia y cuánto tiempo debía trabajar para recolectar las cosechas. Nadie se puso completamente de acuerdo con sus semejantes, puesto que no todos trabajaban con igual rapidez o inteligencia, y la tierra misma era de distinta calidad. Pero el consejo resolvió que si de media hectárea de tierra podía esperarse una producción anual de 20 cargas de maíz —una carga equivalía a 50 kilos, peso fácil de ser transportado a cuestas— y cada quien poseía cinco hectáreas, cada una de las familias del clan obtendría anualmente diez veces más. Esto lo registró en el papel un escriba. La preparación de la tierra, la siembra y la cosecha de maíz (y de los frijoles y calabazas sembrados en la misma parcela) se llevaría 200 días del tiempo de un azteca, de contar éste con la colaboración de su mujer e hijos.

Los restantes 165 días del año azteca serían el tiempo de "descanso". Durante ese tiempo debía hacer sus propias sandalias, su alfarería; su mujer e hijas debían hilar el algodón, teñirlo y confeccionar los vestidos para la familia. Tenían que pagar impuestos.

Naturalmente, la gente debía pagar por la conservación de la ciudad, sus canales, acueductos y diques, y por las fiestas que se celebraban todos los meses del año, frecuentemente muchos días del mes. Los templos que les proporcionaban recreo debían ser sostenidos; los juegos de pelota donde tenía lugar el juego ceremonial debían conservarse. Debía pagarse por ello. Había además muchos guerreros aztecas destacados en diversas partes, y durante su ausencia otros tenían que atender sus milpas y ver que nada faltara a sus familiares. También debía pagarse por esto.

Los aztecas no utilizaban el dinero. Nadie lo tuvo en la antigua América. En vez del dinero usaban un sistema de trueque de mercancías. El azteca podía cambiar maíz por frijoles, miel por sandalias; otro, que trajo conchas de las playas, las cambiaba por cosas de distinto valor. Empleábase el mismo procedimiento para el pago de los impuestos. Como no existía el dinero, el azteca pagaba con trabajo. Si el consejo supremo resolvía construir un camino, los clanes suministraban su cuota de hombres pertenecientes al clan. Cada vez que se hacía algo de esto, un escriba lo anotaba en el registro. Asimismo, cada uno de los aztecas debía entregar todos los años una parte de su cosecha al estado. El Consejo de los Cuatro, los ancianos que dirigían el pueblo en todos sentidos, recibía los impuestos.

Algunos no eran agricultores. Eran los tejedores de plumas, los orfebres, los plateros, los arquitectos, los escritores, los escultores, los pintores y los sacerdotes. Daban todo su tiempo al estado produciendo bellas y útiles obras. Las contribuciones de los aztecas eran para ellos. Así se remuneraba a los trabajadores no agrícolas.

Mientras Águila que Habla doblaba hacia abajo las hojas de maíz para que los cuervos no comieran las mazorcas, pensaba en todo lo que el maíz significaba para los aztecas.

Les había dado tiempo para descansar; les permitía pensar en otras cosas que no fueran el estómago. Debido a que podían almacenarlo año tras año, no tenían que preocuparse por los periodos de escasez. ¡El maíz! Todo en su existencia tenía que ver con él: los días del año, las fiestas, su religión, sus guerras. ¡El maíz! Esta cosa pequeñita que lo era todo.

Y ahora, una vez más, como había ocurrido siglo tras siglo, era el mes de la cosecha, la cosecha del maíz.

Abstraído por sus pensamientos, Águila que Habla colocó tiernamente en el suelo una imagen de barro de Xilonen, la diosa del maíz. Tomando en el cuenco de sus manos un puñado de tierra, dejó que escurriera a través de los dedos mientras musitaba su plegaria, hasta quedar cubierta de tierra la imagen.

EL MERCADO

Empezaba a funcionar el mercado semanal antes de que se fundieran las estrellas con el calor del día. Llenaba la gente las calzadas que conducían a la ciudad; aglomerábase en las canoas que se dirigían hacia Tenochtitlan. En todas partes, dentro y fuera de la ciudad, la gente se encaminaba al mercado.

La familia Átox, como las otras, se levantó al alba y dispúsose para ir al mercado. Puesto que el distrito de su clan estaba cerca de la plaza principal, sólo debía tomar el gran camino que conducía al centro de la ciudad. Esa calzada, así llamada debido a que su mayor parte estaba edificada sobre el agua, empezaba en la población de Ixtapalapa y se extendía por espacio de cinco kilómetros en dirección al norte, hacia la ciudad de México. Era tan recto su trazo y tan alto el gran templo, que podía verse claramente a algunos kilómetros de distancia. La calzada medía cuatro metros de anchura y al introducirse en la ciudad propiamente dicha la flanqueaban las casas por ambos lados. Los que entraban en la ciudad tenían que pagar por el uso que hacían del camino, como hace la gente en todas partes del mundo. En la entrada de la ciudad estaban los guerreros aztecas encargados de cobrar el peaje, que satisfacía la gente con parte de sus mercancías. A distancias regulares de unos quince metros, unos pequeños canales interrumpían la calzada, cubriéndose el corte con un puentecillo de madera movible. Servían para la defensa y para permitir el paso de embarcaciones mayores.

La mayor parte de las casas alineadas a ambos lados del camino, y que se extendían en profundidad, eran generalmente de un solo piso. Las de mayor importancia estaban construidas de un tabique elaborado con una especie de ceniza volcánica y revestido de una capa de cemento pintado de color brillante. La mayor parte no tenían ventanas, y la única entrada daba a los pequeños canales que discurrían ante casi todas las casas, en las que amarraban las piraguas. Saltaban de la embarcción a un pequeño patio para penetrar en la casa por su única puerta. La de la familia Átox era de este tipo.

Al término de la calzada, en el centro de la ciudad, se hallaba la gran plaza. El teocali, la casa del dios de los aztecas, erigíase en la gran plaza. Esa pirámide medía más de setenta metros de alto y lo dominaba todo. Para esto estaba planeada; todo se veía minúsculo a su lado. Los ciento catorce altos escalones que conducían a la cima estaban labrados en uno de sus costados. En la cúspide había dos grandes templos. En uno de ellos podía verse humear el fuego sagrado. No podía apagarse excepto a fin de año,

durante los cinco días vacíos del calendario azteca. Los sacerdotes, vistiendo largas túnicas oscuras que les cubrían hasta los tobillos, deambulaban por los templos. Era ahí donde los sacerdotes percutían los tambores todas las mañanas para anunciar el nacimiento de un nuevo día; era ahí donde tocaban los caracoles marinos para incitar a la gente a librar las batallas de otro día.

Alrededor del teocali había otros templos y palacios, juegos de pelota y mercados. Era tan grande esa plaza que su solo centro formaba algo más de una décima parte de toda la ciudad. Más de cincuenta edificios de la plaza desempeñaban la parte religiosa, administrativa y social de la ciudad. Extendíase casi a todo lo ancho de la isla y el agua la limitaba en dos de sus lados. Alrededor de la orilla alzábase un friso de serpientes denominado Coatlpantli, o muro de serpientes, porque representaba el mural una larga y no interrumpida serpiente enroscándose hasta los límites de la plaza. Estaba pintada de verde y rojo y medía unos trescientos metros.

En la mañana del día en que se celebraba el mercado semanal, todos los miembros de la familia Átox cargaban los productos que deseaban cambiar. Llevaba el padre buena cantidad de espejos hechos de vidrio volcánico negro, que él había pulido. Águila que Habla y su hermano habían enrollado los petates destinados a la venta, y asimismo transportaban cajitas realizadas con fibra. La madre y las hermanas —todas ellas expertas tejedoras— llevaban en sus espaldas lienzos de algodón bellamente elaborados. Sus esclavos llevaban el maíz.

No todos poseían esclavos; debían ser comprados, y su precio era frecuentemente alto. Los esclavos eran hombres expulsados de su clan por haber cometido algún crimen. No tenían derecho a tierras, ni contaban con la protección del clan. Habían perdido los derechos que el clan otorgaba, así que se convertían en esclavos. Trabajaban en los campos pero no compartían la riqueza de la casa. Dormían en el hogar del dueño y eran más o menos tratados como uno de la familia. No se habían establecido reglas acerca de cómo debía tratárseles; eso dependía de los propietarios. Las muchachas esclavas podían recuperar sus derechos de clan casándose con hombres libres. El padre de Águila que Habla nunca los había tratado mal, y solía decir a sus hijos que recordaran que uno de los grandes jefes aztecas, Itzcóatl, nació de un esclavo liberado. Por sus propios méritos, Itzcóatl se elevó al grado de llegar a ser Gran Tlatoani.

La familia de Águila que Habla, inclinada bajo el peso de los productos que llevaban a cuestas, se unió al tropel de aztecas que corrían hacia el mercado como una muchedumbre de hormigas. Cruzaron el amplio canal, pasaron frente al mural de la serpiente y doblaron a la izquierda. Enfrente de ellos se erigía la pirámide-templo. A la derecha estaba el gran palacio de Moctezuma, y a la izquierda, frontero al palacio, el mercado. En una esquina, donde aparecían sen-

tados bajo un gran toldo los jueces del mercado, surgía el calendario de piedra. Pesaba más de veinticinco toneladas y era tan grande que nadie podía imaginar cómo había sido transportado desde tierra firme, a través de las calzadas de madera.

El mercado, al que llamaban *tianguis,* se celebraba todas las semanas. Había un mercado diario, donde la gente se proveía de lo que diariamente necesitaba, pero el mercado mayor, el que atraía a la gente de muchos kilómetros a la redonda, se celebraba una sola vez a la semana. Eran muchos los que, llevando a cuestas sus productos, viajaban desde sus pueblos, situados a más de cinco días de distancia, para asistir al mercado. El padre de Águila que Habla, como la mayor parte de la gente, podía distinguir a simple vista de dónde provenían aquéllos. Las tribus usaban túnicas que las distinguían entre sí. Algunos se pintaban los rostros con círculos y líneas onduladas, y decoraban su pelo engrasado con plumas de loro, rojas y verdes. Éstos eran los de tierra caliente, de la costa, vecinos del mar. Los que llegaban tan cubiertos de ropa que apenas enseñaban el rostro, venían de las tierras frías. Traían sencillas túnicas, y su cara estaba arrugada, como una hoja vieja.

Cada producto tenía un lugar propio en el mercado.

En una parte, las mujeres sentadas en petates, cubiertas por un pequeño toldo, vendían pájaros y aves vivas. Ahí estaban los pavos, impasibles, con las patas atadas; los palomos dentro de pequeñas jaulas de madera, y los loros, las lechuzas, los patos y las codornices. Junto a ellos, los herbolarios. Las viejas mujeres que a través de su larga existencia habían llegado a conocer el valor y el nombre de cada hierba, raíz o árbol de la tierra, las vendían sacándolas de bolsas de algodón. Las hierbas eran las medicinas de los aztecas; usábanlas para dolores de muelas, para enfermedades del estómago, para males de la vista, para los pies adoloridos y llenos de ampollas, de tanto caminar. Decían las ancianas que tenían un remedio para cada enfermedad.

Los indios de las tierras cálidas traían pieles de jaguar y de puma, que extendían para que todos las vieran. También traían pieles de nutria de mar, y, para quienes podían pagarlas, pieles de murciélago, tan hábilmente cosidas que parecían una sola pieza del más fino de los tejidos. Traían asimismo aves y animales vivos para el zoológico de Moctezuma.

Venían luego los vendedores de sal, los más pobres de todos. Empleaban el tiempo extrayéndola de los lagos que rodeaban la ciudad. Vertían el agua salada en un recipiente de poca profundidad y esperaban a que se evaporase. Luego limpiaban la delgada capa de sal que quedaba en el recipiente, la ponían en platos de arcilla y la vendían o cambiaban en el mercado.

Destinábase un gran espacio del mercado para los que vendían maíz y otros productos vegetales de la tierra. Ese espacio, naturalmente, tenía gran demanda. El indio que tuviera frijoles que vender y necesitase maíz en cambio, sentábase frente a un mercader en maíz, abría el costal de frijoles y los mostraba para que los examinase. El otro los escurría en sus dedos, partía uno por la mitad y lo comía. Si le satisfacía, podía tal vez ofrecer la mitad de su maíz por toda la carga de frijoles. Entonces empezaba el regateo. Cada quien sentado frente a su costal alegaba sin cesar, y a veces alzaban a tal grado la voz que tal parecía que se habían enojado. Si elevaban demasiado la voz un juez del mercado hacía acto de presencia. Allí estaban los jueces para ver que se obrase rectamente, y mientras duraba el mercado caminaban arriba y abajo entre las filas de vendedores y compradores. Si surgía una dificultad real, arreglaban el asunto inmediatamente. Si los que discutían llegaban a las manos, acudían los guerreros aztecas y el culpable de la situación iba a dar a la cárcel.

Los aztecas no tenían dinero, pero conocían el valor de las cosas. El valor era lo que cada cosa significaba para un indio. Una cantidad igual de maíz tenía más valor que una cantidad igual de frijoles porque el maíz, que se hincha al cocerse, podía utilizarse en muchos derivados; así, el maíz tenía un valor doble al de la misma cantidad de frijoles. Era muy apreciado el oro, y también la plata.

Lo más precioso para los aztecas era el jade. Bella piedra verde, hallábase en las montañas del sur, cerca de Guatemala, y era muy escaso. Lo consideraban símbolo de buena suerte y su color verde era el símbolo de la fertilidad, ya que lo viviente, verde era. Cuando un azteca moría, poníanle en la boca una pequeña pieza de jade. Creían que el jade era su otro corazón. Todo eso tenía valor, aunque no fuese valor monetario.

Últimamente empleóse el grano de cacao como moneda. El cacao, del que hacían chocolate, venía de Tierra Caliente. Las oscuras semillas, tres veces mayores que el frijol negro, hállanse en grandes vainas del árbol del cacao. Para un az-

teca, la más maravillosa bebida era el chocolate; era una pasión azteca. En primer lugar, tostaban el grano, luego lo molían hasta reducirlo a polvo, lo mezclaban con agua y le daban sabor con miel y vainilla, macerándola. Antes de beberlo, batíanlo las mujeres haciendo girar en el líquido varitas de madera, hasta que producían espuma. Moctezuma solía beber cientos de vasos al día. Era raro, porque el cacao debía ser traído a cuestas desde gran distancia. Alguien lo usó como moneda; una cosa podía ser adquirida "por tantas o cuantas semillas de cacao".

A muchos atraía el mercado de algodón, particularmente a las mujeres. Éstas eran tejedoras, y el algodón constituía un lujo. La madre de Águila que Habla se marchó a esa parte del mercado acompañada de sus hijas. Pagó por su lugar entregando, al que percibía los derechos, cierta canti-

dad de algodón hilado. Madre e hijas dispusieron sobre el petate sus tejidos y se sentaron aguardando al comprador.

Antes de que los aztecas emplearan el algodón, usaron las mujeres las fibras del maguey, con las que hacían telas. Esta planta, casi tan útil como el maíz, hallábase en todo México. Crecía hasta la altura de un hombre, con sus gruesas hojas, verdes, húmedas, provistas de agudas espinas como alfileres en las orillas. De hecho, las mujeres aztecas las empleaban como agujas. Una vez secas y peinadas, producían las pencas de maguey largas fibras de gran resistencia. Separándolas y peinándolas, las tejedoras obtenían un fuerte hilo que empleaban para confeccionar túnicas y taparrabos para los hombres y vestidos para ellas. También usaban la fibra de maguey para hacer cuerdas, asas y muchos otros artículos para los hogares atzecas. Asimismo era importante esta planta

por otra razón. En el interior del grueso y hueco tallo había un líquido dulce: la miel del maguey. Recolectándolo y dejándolo fermentar, lograban los indios el *octli,* una especie de cerveza muy fuerte. Era de tal importancia el maguey que los aztecas le otorgaron una diosa especial.

El algodón no podía crecer en la tierra alta de México. Hasta que los aztecas conquistaron y se establecieron en otras tribus aposentadas en los cálidos valles no tuvieron algodón suficiente para sus necesidades. La tela de algodón, antiguamente un lujo, pronto se convirtió en necesidad. Ahora, todos en México usaban capas hechas de algodón.

Recibiéronlo los aztecas como tributo de una de las 371 tribus a ellos sometidas, y fue a dar a manos de todos. Primero lo cardaban, luego lo hilaban y lo convertían en fibras delicadas mediante un peine manual, procedimiento que conocían todas las muchachas apenas cumplidos los ocho años. Después teñían los hilos.

Obtenían el tinte de algunos vegetales o del tinte natural de ciertas especies marinas. Provenía el rojo de las semillas del achiote; el carmín, de unos insectos que los aztecas cultivaban, como si fuera ganado, en las pencas del maguey. El negro lo sacaban de la semilla del árbol genipapo. Todos esos tintes naturales y vegetales estaban de venta en el mercado. Cuando habían teñido el hilo de algodón, las mujeres lo tejían y hacían prendas de vestir para sus familiares. No había fábricas, las mujeres tejían en sus casas, en su ratos libres.

En la casa de Águila que Habla había tres telares. Eran del tipo de cintura, así llamados porque un cinturón —que la tejedora pasaba por su espalda— sostenía la trama de fibras mientras trabajaba. Uno de los primeros recuerdos que Águila que Habla tenía de su madre era verla tejer en sus momentos de ocio. Ella y sus hijas, naturalmente, fabricaban más tela de la que consumían, y la vendían en el mercado. Todos los días de mercado, el día de tianguis, ocupaba ella el mismo lugar sobre el mismo petate y aguardaba que alguien la comprara o la cambiara por otros artículos. Y como su obra era conocida por la belleza de sus colores y los dibujos de animales y pájaros tejidos, la gente siempre se dirigía primero a su puesto. Así obtenía más algodón en rama; así contaba con medios para adquirir piezas de jade, pavos o patos vivos, y todo cuanto hacía más agradable la vida.

Había en el mercado toda suerte de cosas. Grandes pilas de papel para que la gente hiciera con él diversos objetos; allí estaban los comerciantes en oro y plata, que ofrecían en transparentes plumas de ganso. Otros vendían tejidos de plumas, en los que las plumitas de raros pájaros aparecían formando una tela, de modo que producían el efecto

de un mosaico plumario. Eran muy caros, mas todos los guerreros gustaban de cubrir sus escudos con esos tejidos de pluma. Otros aztecas eran artesanos que trabajaban piedras preciosas. Ofrecían éstos las turquesas y las piedras verdes en forma de maravillosos mosaicos.

Disponían en largas hileras los platos y escudillas de alfarería. Hacíanla de arcilla, la pintaban y la cocían al fuego para darle consistencia de metal. En esa parte del mercado podía uno obtener la clase de cacharro que necesitase, del mayor al menor, desde el que apenas contendría un huevecillo de colibrí hasta el capaz de ocultar a un hombre de gran altura.

En otro lugar del mercado ofrecíanse en venta alimentos. Había allí toda clase de alimentos conocidos de los aztecas, así como otros de extraña y nueva naturaleza. Y si deseaba uno que le lavaran el largo pelo negro, allí estaban también los barberos para hacerlo. Lavábanlo con las raíces del palo jabón y lo perfumaban con aceites extraídos de flores de suave olor. Afeitaban con navajas hechas de cortante obsidiana.

Pero los barberos eran, sin embargo, para los ancianos. La mayoría de los aztecas no tenían pelo facial, y el tenerlo era considerado feo. Por naturaleza, los indios tienen poco pelo facial, y las madres aztecas ponían paños calientes en los rostros de sus hijos jóvenes con objeto de impedir el desarrollo o matar los pocos folículos que algún día podían crecer. Y si aparecía un pelo transgresor, lo arrancaban inmediatamente. No obstante, por razones desconocidas, a medida que los indios envejecen, empieza a brotarles el pelo en lugares donde nunca había crecido. Los viejos, pues, llenaban las barberías.

A mediodía, cuando el sol quemaba y los vendedores se refugiaban bajo los toldos, llegaban los mercaderes, o *pochtecas.*

Los habían estado esperando impacientemente, puesto que su llegada equivalía a un espectáculo mitad circo, mitad procesión religiosa. Entraba la columna en el mercado por el lado del calendario de piedra. Al frente, soplaban los guerreros sus conchas marinas, que bramaban como trompetas con sordina. Seguíanles animales salvajes enjaulados, que transportaban sobre varas los acarreadores indios. Venían luego los prestidigitadores, casi desnudos, pues sólo vestían un taparrabos pavorosamente pintado con signos púrpura y rojos. Lanzaban al aire largos troncos, que recuperaban diestramente. Murmuraba admirada la gente hasta que caía uno de esos leños, y un jorobado, de muy baja estatura, de corvas piernas, lo agarraba rápidamente con una sola mano. El leño era de madera de balsa, casi tan ligero como el aire. Reíanse los indios de su propia credulidad. Luego llegaban los *pochtecas,* caminando lentamente, con gran pompa. Cada uno de ellos llevaba un bastón curvado; sus túnicas, atadas a la moda azteca, estaban magníficamente tejidas y hechas de los más finos materiales. Frente a ellos caminaban unos indios provistos de abanicos con los que ahuyentaban los insectos, y atrás, formando una larga cola, tan juntos unos a otros que producían el efecto de una serpiente enroscándose, iban los acarreadores. Todo lo que

entraba y salía de México entraba y salía a cuestas de los indios, puesto que los aztecas no tenían animales de carga. Los acarreadores llevaban en las espaldas treinta kilos, que transportaban apoyando en la frente la correa que sujetaba la carga. Los comerciantes regresaban de las tierras del sur, después de una ausencia de varios meses. Llegaban de las fabulosas tierras de Guatemala cargados de cacao, pieles de jaguar, aves, pájaros, tintes para el algodón, jade y esmeraldas. Estaba en sus manos el "comercio exterior". Los mercaderes tenían su propio gremio, y el derecho gremial pasaba de padre a hijo. Poseían su propia sección residencial de clan y no pagaban impuestos. Adoraban a sus propios dioses y, dentro o fuera de la tierra azteca, nada tenían que explicar de su conducta.

Sus acarreadores transportaban a "otras tierras" los objetos fabricados por los aztecas: espejos y cuchillos de obsidiana, metates para moler el maíz, mosaicos de brillantes piedras, piezas de jade estupendamente labradas y pulidas. A cambio de esto, por tejidos de pluma y panes de sal, recibían los mercaderes los objetos hechos por la gente de "otras tierras".

Al atardecer empezaba la gente a empaquetar sus cosas y a prepararse para abandonar el mercado. Regresaban a sus casas y se disponían a visitar otros mercados fuera de México. Celebrábanse éstos en días distintos, lo suficientemente espaciados para que los indios pudiesen asistir a ellos con objeto de vender, comprar o realizar trueques.

Cuando el mercado empezaba a perder interés para él, Águila que Habla se dirigía con otros muchachos de su clan a observar a los guerreros que jugaban al *tlachtli*. Parecíase este juego al baloncesto, y las metas consistían en piedras circulares agujereadas en el centro. En los pueblos donde no había campo de juego, o no tenían esa piedra, adiestrábanse los muchachos haciendo un agujero en una cesta. El gran juego de pelota se alzaba frente al templo. Era rectangular, en forma de "I". En el centro del largo patio, situadas en un muro de unos cinco metros de altura estaban las "cestas" de piedra. Debían pasar esa meta con un lanzamiento vertical de la pelota, no horizontal; así aprendían los muchachos a jugar. En lo alto y alrededor de todo el patio del *tlachtli* había asientos para los espectadores. Uno de los extremos del patio estaba decorado con espantables serpientes de piedra. Allí se sentaba Moctezuma cuando acudía al juego.

Llevábase a cabo el juego con una dura pelota de hule de tamaño de un melón pequeño. Debido a que la pelota de hule debía hacerse pasar a través del agujero en la piedra, los guerreros jugaban con los codos, rodillas y caderas protegidos con gruesos tejidos. Constituía un gran suceso hacer pasar la pelota por la "cesta'.

El *tlachtli* era muy antiguo. Tan antiguo que nadie sabía quién lo había inventado. Jugábase desde Honduras, en la América Central, en las tierras más allá de los mayas, hasta el norte, lejos, más de mil kilómetros hacia Arizona. Venía el hule de las tierras calientes, del pueblo olmeca, decía el tío de Águila que Habla. Tal vez fueron ellos los inventores del juego. Todo parecía indicarlo así, pero nadie lo sabía con certeza. Cuando los guerreros abandonaron la gran cancha, entraron en ella los muchachos y, tomando una vieja pelota de hule, intentaron hacer lo que vieran realizar a los jugadores. Por fin, alguien echó la pelota por encima del muro de las serpientes y cayó en el canal. Echó a correr Águila que Habla, trepó por el muro y rescató la pelota del agua. Al incorporarse encontróse frente al gran Moctezuma. Rodeado de sus guardias y apoyado en los brazos de éstos, según la costumbre azteca, dirigíase al mercado a ver qué cosas habían traído del sur los mercaderes. Durante breves instantes, aterrorizado, Águila que Habla le miró al rostro; luego, según ordenaba la costumbre, bajó la cabeza y los ojos.

Pasó de largo Moctezuma, hacia el teocali.

EL MES DE LAS ESCOBAS

Ciego sería el que no supiese cuál de los dieciocho era ese mes. Las mujeres estaban atareadas barriendo sus casas con las escobas hechas de los junquillos que crecían alrededor del lago. Aseaban sus casas para la fiesta de Ochpaniztli, el mes de las escobas. Eran los días de Toci, la madre de los dioses, cuyo símbolo era la escoba, con la cual barría la tierra.

La casa de la familia Átox, la casa de Águila que Habla, había sido cuidadosamente barrida, y en el rincón reservado a los dioses aparecía una imagen de Xilonen, la diosa del maíz tierno. Habíala comprado Águila que Habla en el mercado a un escultor de imágenes de barro, y la puso en un nicho del muro. La diosa estaba sentada con las piernas hacia atrás y las manos en el regazo. Su tocado era sencillo y miraba al mundo azteca con la dulce expresión de su faz.

No todos los dioses aztecas miraban del mismo modo. Muchos de ellos, como Espejo Humeante, quien en vez de pies tenía las garras del jaguar, mostraba terribles rostros. El dios de la lluvia, Tláloc, tenía una nariz que parecía una serpiente enroscada, colmillos de serpiente y lengua de víbora. Xilonen era distinta; parecía uno más de la familia. Las hermanas de Águila que Habla habían puesto alrededor de su altar hojas de maíz y banderitas de papel de colores.

El undécimo mes de Ochpaniztli era muy importante. Los sacerdotes debían usar de toda su magia para contener las lluvias. Si llovía, o peor, si granizaba, se arruinarían las cosechas, pues las mazorcas pendían todavía de las plantas. Los sacerdotes debían prevalecer con su magia sobre los dioses para que no permitieran la lluvia.

Durante varios días se había estado danzando en la gran plaza. Al ponerse el sol, toda la familia Átox iba a ver las danzas y a tomar parte en ellas. Hombres y mujeres agarrados de las manos formaban una retorcida y larga línea hu-

mana. Nadie cantaba. Los tambores permanecían silenciosos. Movíanse al ritmo impuesto por los altos sacerdotes, que los conducían. Lo único que podía escucharse era el rumor de millares de pies al golpear sobre el piso de la blanca piedra que pavimentaba la plaza. Esto continuó durante ocho días.

Luego se verificaba el primer sacrificio. Una mujer vestida como la diosa Teteo, llevando adornos de oro en el cuello, subía lentamente los 114 escalones del templo. Era tal el silencio que podían oírse las pendencias de los pájaros en los pantanos. Al alcanzar la cúspide en donde estaban los dos templos gemelos, uno junto al otro, surgían de la profunda oscuridad del interior unas figuras vestidas de negro. Depositaban a la mujer encima de la piedra de los sacrificios y la sostenían con firmeza. Después, el cuchillo del sacrificio —un arma terrible, bella y pavorosa, hecha de negra obsidiana, con mango de mosaico— alzábase hacia el sol. De un solo golpe, el sacerdote le abría el pecho, arrancaba el corazón y con gran solemnidad se dirigía a la orilla de la escalinata. Miraba hacia abajo, hacia la silenciosa masa y levantaba el corazón en alto, hacia el sol.

Originábase en la multitud un sordo murmullo. Lloraban abiertamente algunos, aunque no era habitual llorar en ese momento. Esa mujer azteca había dado su vida para ellos. Había dado a los dioses su más sagrado patrimonio, el palpitante corazón. No era prisionera, ni pertenecía a una tribu distinta; había sido una de ellos, y había convenido voluntariamente en ser sacrificada, para inducir a los dioses a compasión, para que retuvieran la lluvia hasta recoger la cosecha. Conservarían su cabeza, y cuando su cráneo fuese ya blanco y estuviese bien pulido, le sería dado un lugar de honor en el bastidor de cráneos que se levantaba en una elevada plataforma, cerca del juego de pelota. Había centenares de ellos, de víctimas de honrosos sacrificios, cuidadosamente situados en filas, sostenidos por estacas.

La danza de los Caballeros Águila y los Caballeros Jaguar ponía fin a la tristeza imperante. Sonaban tambores y cuernos; alguien sacudía las matracas, para mantener viva la danza, y derramaba chillidos sobre la plaza. Tras de ellos, provistos de lanzas y escudos, venían los Caballeros Jaguar. Eran los mejores guerreros aztecas. Iban vestidos con auténticas pieles de jaguar, con los rostros enmarcados en máscaras de madera que tenían forma de ese animal, con la boca abierta. Seguíanles los Caballeros Águila. Saltaban como si se dispusieran a volar, como águilas. Todos eran jóvenes. Llevaban vestidos de tejido de pluma de águila y tenían el rostro metido en máscaras de madera que imitaban picos de águila. Empuñaban lanzas rematadas con obsidiana; todos llevaban escudos. Imitaban los movimientos que se realizan para arrojar la lanza, y saltaban y hacíanse a un lado como si esquivaran los venablos que les arrojasen en la supuesta batalla. El suyo era un culto guerrero y solamente los más famosos podían pertenecer a él. Poseían su propio palacio en la gran plaza, y a muchos kilómetros de distancia, en un lugar llamado Malinalli, tenían su propia ciudad secreta. Algunos edificios estaban labrados en la roca viva.

Danzaban y luchaban contra el aire alrededor de la plaza hasta detenerse frente a una baja plataforma de siete metros por lado, a cuya parte alta se llegaba tras subir quince escalones. En la cima había un disco de menores dimensiones, un círculo completo, símbolo del sol. Surgía del centro una estaca y atado de una pierna a ella, libre de movimientos dentro del círculo, había un guerrero. Vestía un simple taparrabo. En un brazo llevaba el escudo; en la mano, la espada. Todos sabían que a esa espada le habían quitado la afilada obsidiana. Estaba, pues, armado de un instrumento inofensivo de madera, y sabía él qué debía hacer.

Ese guerrero era un famoso jefe de los tlaxcaltecas, enemigos tradicionales de los aztecas, capturado en reciente batalla. Había llegado su hora, pues frente a él estaba un Caballero Jaguar. También tenía éste escudo y espada, pero verdadera; los filos de la espada sujetaban cuchillos de obsidiana tan cortantes que podía un guerrero cercenar una cabeza o un brazo de un solo golpe. Ése iba a ser un combate gladiatorio, una pelea simulada, acerca de la cual nadie dudaba quién sería el vencedor. El cautivo moriría, como los otros, por los dioses. Pero ¿por qué debía morir por ellos?

Es ésta una pregunta que parece haberse formulado el hombre desde el inicio de su existencia en la tierra. Muere el hombre, explicarían los sacerdotes aztecas, para que los exigentes dioses manden lluvias para las cosechas, o para que no las manden cuando no se precisa de ellas, para prevenir terremotos o detener una plaga.

Los dioses aztecas eran como la gente. Tenían sentimientos como los hombres; enojábanse rápidamente y eran lentos en amar. Así, debían ser apaciguados; debía dárseles lo más precioso que el hombre posee: la vida. Y lo más precioso de su vida era el corazón. Era el alimento de los dioses.

Más, ¿cómo hablaban los dioses? ¿Cómo sabían los sacerdotes lo que necesitaban los dioses? Para estas preguntas no

había respuesta. Nadie sabía nada en realidad, y era preferible dejar lo incognoscible en manos de los sacerdotes, que parecían saber lo que lo incognoscible requería.

Intentaban los aztecas controlar o dirigir la naturaleza. Para cada elemento —los cielos, el sol, la lluvia, el trueno, o la muerte, o la vida— tenían un dios, cada cual con nombre propio. Como era agricultor, sabía el azteca que la naturaleza desarrollaba ciclos rítmicos. Venían las lluvias en estaciones determinadas; nacía el sol a determinada hora todos los días del año. Los planetas, tales como Venus, Marte y otros, cubrían sus órbitas con regularidad. Sabía esto el azteca y se transmitía de padre a hijo. Aun antes de conocer la escritura, sabía la gente que algo ocurría "allá". Posteriormente, al poder el azteca leer y escribir, los sacerdotes lo anotaron en libros. Todas las cosas que el hombre conocía confusamente, lo asentaron en los libros.

El ritmo de la naturaleza y las idas y venidas de los planetas fueron escritos, de modo que los sacerdotes, que estudiaban los libros y conocían los hechos del calendario, podían predecir cuándo ocurriría cada cosa. Observaban constantemente. Hasta sabían —según aseguraban— cuál dios controlaba cada una de las fuerzas de la naturaleza.

Lo importante era saber el momento en que debía hacerse un llamamiento a los dioses, y a cuál dios hacer el llamamiento. Si se efectuaba el sacrificio en una hora equivocada, el dios sobre el cual intentaban influir no recibiría la ofrenda. En consecuencia, estudiaban los sacerdotes el cielo y observaban el movimiento de los planetas con objeto de determinar su calendario.

La sangre era muy importante para el azteca. Todo cuanto tenía sangre, vivía; lo que no la tenía, perecía. Por esto creían los aztecas que, aun fuera del cuerpo, poseía poder la sangre. Era algo mágico. Al ofrecer el sacerdote la sangre a los dioses, les estaba ofreciendo poder. Si un azteca hacía algo malo contra sí mismo o contra su clan, punzábase las orejas o las piernas y ofrecía su sangre a los dioses, para protegerse a sí mismo y a sus semejantes del daño realizado. He aquí la razón del sacrificio. He aquí por qué los sacerdotes arrancaban corazones de los vivos y los ofrecían a los dioses. La sangre era el sumo bien.

Cuando iban a sacrificar a alguien lo ataviaban muchas veces como la imagen del dios. Suponíase que lo personificaba, *que era* el dios. Antes de celebrarse el ritual del sacrificio, llevábanse a cabo todos los esfuerzos posibles para que la víctima fuera al sacrificio de buena gana. Debía impulsarle un sincero sentimiento religioso. Considerábase de mal agüero el que la víctima se echara para atrás, o que vacilara. Estaba esto reñido con la buena educación.

En la batalla, el guerrero jamás intentaba matar; lo que quería era capturar al enemigo. Cuantos más prisioneros obtenía, tanto más honrado era. Porque los prisioneros eran destinados al sacrificio para los dioses. ¿Por qué ellos y no los aztecas? Porque no podía esperarse que los aztecas se ofreciesen ellos mismos a ser sacrificados. Si se hubiesen sacrificado por sí mismos, ninguno hubiera quedado con vida. No, eso era para los demás. En una ocasión, con motivo de la dedicación del gran templo, los aztecas sacrificaron a veinte mil personas.

El sacrificio no era un asesinato. Horrorizábale al azteca el asesinato. Era antisocial. Si un azteca asesinaba a otro, pagaba por ello con su vida.

Para el azteca, el sacrificio era un acto espiritual. El hombre sólo se sometía a la voluntad de la naturaleza. La gente no era simplemente llevada al matadero debido a los dioses; todo lo relacionado con el sacrificio era ritual y religioso.

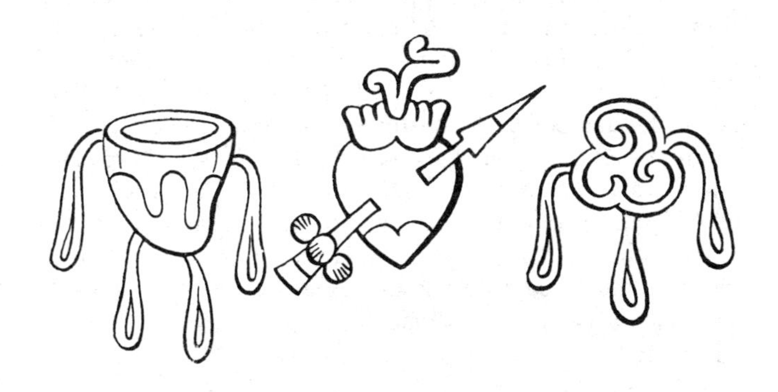

Si la humanidad debía sobrevivir, el hombre tenía que rogar a los dioses que le permitieran seguir viviendo. Y los dioses debían estar bien alimentados. Todos los aztecas sabían que los dioses no comían realmente corazones humanos; comíanlos simbólicamente. Éste era un punto difícil de comprender para Águila que Habla, pero... Pero en la vida hay muchas cosas difíciles de entender, y no puede uno aspirar a saberlo todo.

El mes de las escobas, el undécimo mes del año azteca, terminaba el diecinueve de septiembre, y en la tarde de ese día efectuábase el último sacrificio. La ceremonia era en honor de Tezcatlipoca, es decir, Espejo Humeante, el dios de la noche y de muchas otras cosas. Tenía varias apariencias, y era más temido que amado. A ese dios se le dedicaba un sacrificio que hacía brotar lágrimas a cuantos aztecas lo presenciaban.

Los sacerdotes tomaban al más gentil de entre todos los prisioneros. Vestíanle hermosamente con tejidos y tocado de pluma; durante medio año había vivido como un dios. Sus guardianes habíanle enseñado a tocar canciones con flautas de barro, y en el curso de ese tiempo le habían rodeado sirvientes que cumplían su voluntad. Mas en ese día, el día de su muerte, caminaba por toda la ciudad tañendo con sus flautas los sones más dulces. Dirigíase ahora con sus sirvientes hacia la base del templo-pirámide. Había llegado el momento. Lentamente, despojábanle los sirvientes de los bellos vestidos que usara en el medio año en que actuara como un dios. Con las flautas en sus manos, empezaba a subir parsimoniosamente los escalones, acompañado del golpear de los tambores. Mientras subía, tañía una dulce música, la misma que había ejecutado en las calles de la ciudad. Al terminar una canción rompía una flauta y la arrojaba al suelo. Tomaba entonces otra y proseguía tocando. Así llegaba a la cima, dejando tras de sí, en la escalinata, las flautas rotas, símbolo de su vida pasada. Agarrábanlo los sacerdotes y llevaban a cabo el sacrificio.

Todo ello era en homenaje a los dioses.

EL TRIBUTO

La época del tributo seguía a la de la cosecha casi tan naturalmente como la noche sucede al día. Con la nueva cosecha ya almacenada y con otras cosas que hacer, distintas de trabajar en la milpa, poníanse en movimiento los aztecas. Había llegado la hora de recoger el tributo.

El Consejo de los Cuatro se reunía con Moctezuma y le traía el registro de tributos. Aparecían pintados en éste los nombres de los 371 pueblos y tribus que pagaban tributo a los aztecas. En el lado izquierdo estaban los nombres de los pueblos, representados en escritura jeroglífica, con aspecto de escudo de armas. Junto al nombre había el dibujo de un templo caído e incendiado; esto significaba que el pueblo había sido conquistado por los aztecas. Aparecía asimismo un dibujo del jefe azteca bajo cuya dirección habíase llevado a cabo la conquista; junto a esto, la fecha del suceso. En la página siguiente había una lista con la especie de tributo que los pueblos debían satisfacer a los aztecas cada seis meses. Maíz, frijoles, flechas y escudos, jade u oro, lanzas y plumas; todo estaba indicado en el registro para que no hubiese error, y junto a la especie constaba la cantidad. Las cantidades estaban representadas en símbolos; un punto o un dedo significaba uno, una bandera significaba veinte, una pluma equivalía a 400, y un costal simbolizaba 8 000. El registro de tributos estaba tan claramente

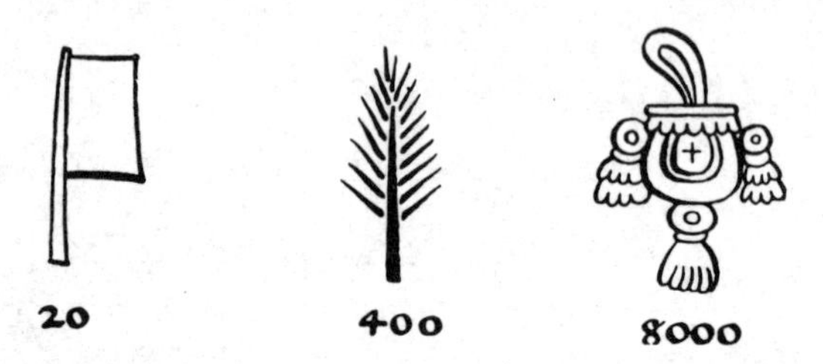

escrito que cualquier azteca capaz de leer escritura pictográfica podía fácilmente conocer el nombre del pueblo —después de haber sido conquistado— y saber qué tributo debía satisfacer.

Los aztecas dependían del tributo. Aunque trabajaban mucho, eran hábiles y llevaban a cabo un importante comercio por todo México, sus lujos dependían del tributo. Desde el principio precisaron los aztecas de más tierras para su pueblo. Sin embargo, la mayor parte de la tierra, la buena tierra, estaba ocupada desde mucho antes de que llegaran los aztecas a los lagos de México. Por eso guerrearon contra otras tribus, para obtener más tierra, y cuando tuvieron suficiente, descubrieron que necesitaban más de las cosas buenas que daba la tierra. Por eso siguieron guerreando contra otras tribus.

Había muchas tribus distintas en México, y todas eran enemigas de una u otra. Precisaban los aztecas comerciar más allá de México, en el sur, en Guatemala, y aun más lejos. Necesitaban construir caminos a través de esas tierras, pero otras tribus se oponían a su paso. Con este objeto, antes de declarar la guerra, los aztecas mandaban embajadores para discutir el asunto.

Llegaban los embajadores con gran pompa, acompañados de esclavos que los abanicaban para ahuyentar a las moscas, y de mujeres que preparaban sus comidas. A su lado iban guerreros de rostros pintarrajeados y adornados de orejeras doradas. Sentábanse los embajadores aztecas y empezaba el palique con los caudillos de las tribus que habían resuelto conquistar, ya pacíficamente, ya por medio de la guerra. Jactábanse de sus ciudades, de sus templos, de su comercio. Trataban de impresionar a los otros con el número de sus guerreros. Los caudillos contestaban en los mismos términos. Recordábanles que su tribu poseía ya esa tierra cuando los aztecas eran todavía unos simples mendigos. Que ya poseían escritura y templos cuando los aztecas traían vacías las manos. Esta conversación proseguía durante días y noches. Por fin, daban a conocer los aztecas sus condiciones.

Si las tribus querían tributar pacíficamente, sin llegar a la guerra, podían convertirse en una parte de la comunidad azteca. Podían conservar su idioma. Mantener sus costumbres. Los aztecas construirían un camino a través de su tierra, que protegerían los guerreros aztecas. Todos los años, sus jefes vivirían unos meses en la ciudad de Tenochtitlan. Podían conservar sus propios dioses, aunque el dios nacional azteca tendría un lugar en sus templos, con los mismos honores que el suyo. Pero tenían que tributar, fueran cuales fuesen los productos que cultivaran o manufacturaran. En caso contrario. . . la guerra.

Sabían los jefes qué cosa querían decir los aztecas. Si contestaban *no* al ofrecimiento de quedar incluidos en la comunidad, les caerían encima los aztecas como una horda de avispas furiosas. También sabían cuál sería el fin. Aunque les tomase una semana, un mes o un año, no soltarían los aztecas la presa hasta vencer. Después se llevarían a sus hombres, por centenares, para sacrificarlos a los dioses aztecas. Muchas tribus se entregaban sin pelear, pero muchas otras batallaban. Sin embargo, el fin era el mismo: siempre vencían los aztecas. Y en el registro de tributos figuraban 371 pueblos y tribus que debían entregar a México los productos de su tierra.

Recolectábase el tributo cada seis meses; recogíanlo empleados oficiales ayudados por hombres de los clanes. Había llegado el turno del clan de los Yopica. A los muchachos cuyos padres figuraban en el concejo se les permitía también ayudar, con objeto de adquirir experiencia. Así, Águila que Habla, quien jamás había ido más allá de Anáhuac —los lagos de México— se fue con su padre hacia las tierras del sur.

El día en que se inició el viaje era un día tan claro como el cristal de roca. En primer lugar, Águila que Habla y su padre se encaminaron hacia la gran plaza donde saludaron a los *calpixques,* o sea los recaudadores de impuestos. Como éstos eran nobles, tenían perforados los labios inferiores, de los que pendían piezas de jade. También tenían perforadas las orejas y tan agrandados los lóbulcs que hubiera podido pasar a través del agujero un huevo de ganso; en ese agujero llevaban orejeras de oro. Su pelo cortado y engrasado parecía el de un jabalí asustado. Usaban una especie de turbante alrededor de la cabeza. Sus vestidos estaban tejidos con los más ricos adornos, y cada uno de los cuatro hombres llevaba un bastón maravillosamente labrado. Las empuñaduras de esos bastones representaban una cabeza de serpiente, con lengua de cornalina que surgía de las fauces abiertas; los ojos eran de jade. Como los recaudadores de tributos no tenían más superior que Moctezuma, eran muy orgullosos y arrogantes. Iban muy envarados y no se mezclaban con los demás. Traían en la mano un puñado de flores que olían de vez en cuando, como si la gente que los rodeaba no se lavara y oliera mal. Los esclavos les abanicaban con abanicos de pluma para asustar a los insectos atraídos por el olor de la grasa que se ponían en el cabello. Cerca de ellos había una larga cola de indios, vestidos solamente con el taparrabo. También aguardaban los guerreros provistos de escudos, lanzas y tocados con plumas de águila. En sus escudos figuraba el escudo de armas del clan de los Yopica: una caña, cuatro puntos y una garra de águila.

En el orden de marcha figuraban en primer lugar los guerreros; luego Átox, consejero del clan, y junto a él caminaba Águila que Habla. Detrás iban los esclavos pegándole al aire para ahuyentar de los *calpixques* los insectos; caminaban aquéllos como si fueran los señores de la tierra. Lo parecían. Atrás, mitad caminando, mitad trotando, centenares de indios que acarrearían sobre sus espaldas el tributo recogido.

El camino construido por los aztecas era llano. Cuando atravesaba un riachuelo, ponían los esclavos piedras en el agua con objeto de que no se mojaran los pies los viajeros. A unos quince kilómetros uno de otro, se alzaban en el camino santuarios a los dioses, y separadas por treinta kilómetros había casas de descanso, donde dormían los caminantes. Esas casas, al igual que las casas indias de las afueras de la ciudad, eran de adobe y estaban techadas de paja. Los muros estaban enjalbegados. En el interior, en el suelo, había petates para dormir y un extremo de la casa constaba de una cocina en la que las mujeres preparaban las comidas. Cada

uno de los pueblos cuya tierra lindaba con el camino estaba obligado a mantenerlo en buen estado, y la gente del pueblo debía cuidar de que hubiera leña y alimentos en las casas de descanso. Esto formaba parte de su labor tributaria. En esta forma los pueblos compartían equitativamente la tarea de construir y mantener en buen estado los caminos.

En la primera jornada hacia el sur, llegaba la expedición a Cholula. No entraban en la ciudad porque el camino se desviaba, pero Águila que Habla pudo ver su gran número de casas y los muchos templos de clan elevándose por encima de las casas de baja techumbre. Vio también la gran pirámide —el Templo de Quetzalcóatl— tan alta, que los mixtecas solían llamarla la montaña hecha por el hombre. Díjole su padre que era la pirámide-templo más alta de todo México.

Prosiguieron su camino hacia el sur. Aun más lejos aparecía en perfecto estado, como lo estaba al principio. En los intervalos descritos surgían los santuarios. En los nichos estaba sentado Zacatzontli, el dios de los caminos. Los recaudadores de tributos le quemaban todos los días copal, una resina color ámbar, y rogaban para que les concediese un buen viaje. Por las noches, tras una jornada de treinta kilómetros, aparecía la casa de descanso.

Toda esa tierra y su gente eran completamente nuevos para Águila que Habla. Los indios de esos pueblos pertenecían a unas tribus que jamás viera antes. Algunos dejábanse crecer muy largo el cabello y se pintaban de rojo y negro los rostros; otros lo ataban en lo alto de la cabeza y se tatuaban la cara. Muchos desconocían el idioma azteca, y los recaudadores debían hablar con ellos valiéndose de intérpretes.

El idioma azteca —el náhuatl— era muy antiguo. Águila que Habla suponía que lo hablaban todos los que habitaban la gran tierra de México, pero pronto descubrió que tal cosa no era cierta. El náhuatl había sido el idioma de los antiguos toltecas. Conocíanlo la mayor parte de los indios que vivían en las proximidades de los lagos de Anáhuac, pero más allá del valle, las tribus poseían su idioma propio. Eran tan distintos que en algunos casos no había palabra alguna parecida al náhuatl. El aspecto de los pueblos era asimismo distinto. El modo de construir las casas también difería del empleado en Tenochtitlan, y aun los dioses tenían nombres diferentes. En una u otra ocasión las tribus habían peleado con otras, así que no imperaba la paz en el país. Cuando el azteca conquistaba, obligaba a cesar las pequeñas guerras locales, y los nuevos caminos conectaban entre sí a los pueblos. Los guerreros aztecas mantenían la paz.

Durante las dos primeras jornadas la tierra se parecía mucho a la que rodeaba los lagos. Donde la tierra era fértil diseminábanse las milpas. Cuando no lo era, la gente cultivaba el maguey.

En el curso de la cuarta jornada, empezaba a subir el camino, y pronto se encontraron los viajeros entre gigantescos bosques de pinabete, tan altos y espesos que ocultaban el sol. Éste era el cubil del águila; en las altas ramas de los árboles divisábanse sus nidos. Alrededor de los troncos, desparramados, veíanse los huesos de los animales devorados por las águilas. Había muchos árboles marcados, cortada profundamente la corteza, debido a lo cual morirían. Durante la marcha, vio Águila que Habla cómo los indios tajaban los árboles con hachas de piedra. Dos años después, los árboles así tajados morirían, y entonces sería mucho más fácil derribarlos. Esos grandes árboles eran arrastrados hasta la ciudad de México mediante rodillos de madera y cuerdas hechas con la fibra del maguey. También hacían con ellos las canoas, y el penetrante olor de la madera de pino le recordó a Águila que Habla que las techumbres de los templos estaban asimismo construidas con esos árboles. En la quinta jornada —que significaba habían ya caminado 150 kilómetros— dejó atrás la expedición los bosques de pino y empezó a descender hacia las tierras cálidas. Habían penetrado en territorio zapoteca.

Los zapotecas formaban una tribu india muy orgullosa y arisca. Habíanlos conquistado dos veces los aztecas, y dos veces se habían rebelado, matando a los gobernadores aztecas. Por los días en que Águila que Habla nació se habían alzado otra vez y su padre fue uno de los guerreros a quienes mandaron para luchar contra ellos. Fue una guerra larga, en la que nadie se rindió. Átox resultó herido de una lanzada en la pierna, a consecuencia de la cual todavía cojeaba. Pasaron muchos años, antes de conquistar totalmente a los zapotecas. Aún ahora entregaban de mala gana el tributo.

Frente a los viajeros se extendía el valle de Oaxaca, un valle llano como una tortilla. Cubrían la tierra cultivos ajedrezados. En ese valle cálido, situado a mil metros sobre el nivel del mar, cultivaban calabazas confiteras, cacao y vainilla. Era una tierra rica. Surgían de las colinas templos y plazas, en cantidad tal que Águila que Habla perdió la cuenta. Durante varios siglos habían sido las casas de los dioses de todos los indios del valle. Ahora estaban olvidados; las raíces crecían en las juntas de las piedras, y en los frescos de los muros aparecían las cicatrices del tiempo.

En la ciudad de Mitla recibieron a los recaudadores aztecas los jefes del país, previamente notificados de la llegada por un mensajero al que habían despachado hacia los zapotecas. Esos jefes tenían un aspecto maravilloso con sus túnicas de algodón. Inclináronse tres veces ante los *calpixques,* tocando cada vez la tierra con las puntas de los dedos.

Mitla era totalmente distinta de cualquier lugar de los visitados por Águila que Habla. Los templos no estaban edificados encima de altas pirámides, como los aztecas. Eran bajos, y los ornamentos de piedra que figuraban en los muros se parecían a los usados en los tejidos. En uno de los palacios extendieron en el piso un petate y trajeron sillas de madera, reservadas a los grandes jefes, que ofrecieron a los *calpixques.* A una voz de mando, entraron unas mujeres con chocolate, que batieron hasta producir espuma. Los recaudadores del tributo lo tomaron con cucharones.

Al día siguiente se inició la recaudación. Pusieron cara

seria los recaudadores; ni un solo momento dulcificaron la expresión. Trajeron los escribas el registro del tributo, hecho de papel de *ámatl,* dúctil como la más blanda de las pieles. En él estaba pintada la historia de las conquistas aztecas. Ahí aparecía la fecha en que por primera vez fueron conquistados los zapotecas, el año 7 Caña (1467). Ahí aparecía la figura de Moctezuma, llamado el Colérico, abuelo del actual jefe azteca. Junto, los escudos de armas, los símbolos de los pueblos zapotecas, y lo que debían tributar. Desde el amanecer, los indios zapotecas habían estado trayendo maíz. Iba envuelto en petates, y pesaba cada bulto como unos 25 kilos, o sea lo que un hombre podía acarrear a cuestas. A medida que traían los costales, el escriba azteca los anotaba en el registro. Luego, el cacao —asimismo envuelto en petates— y después, el algodón. Un pueblo situado en la selva debía pagar su tributo en pieles de jaguar; también las trajeron, 400 de ellas, según constaba en el registro. Durante todo el día, se trasegó el tributo. Comprobábase el tributo en el registro; luego lo cargaron los acarreadores, a quienes mandaban adelante. Les llevaría ocho días de camino regresar a la ciudad de México.

Luego, los *calpixques* pidieron indios zapotecas para que transportaran el resto de la carga a la capital azteca. Como esto no constaba en el registro, protestaron los zapotecas. Al parecer, olvidaban que habían sido conquistados; alzaron la voz y hablaron rápidamente, como si no temieran de los recaudadores. Sabían lo que significaba mandar a sus hombres a la capital azteca. Tal vez no regresarían. Los retendrían para los sacrificios.

Ahora, por toda la tierra, sentíase la inquietud de los aztecas. Cundía por todo México el rumor de que unas extrañas embarcaciones navegaban frente a las playas. Habían chocado recientemente, en Yucatán, las armas de los extranjeros blancos y de los indios. Los extranjeros habían usado un arma que rugía como el trueno y refulgía como el rayo. Era terrorífica. ¿Podía tratarse del regreso de la Serpiente Emplumada, regreso que anunció? ¿Habría regresado con armas desconocidas?

Los aztecas, por ser los que más tenían que perder, eran los más preocupados. Buscaban en los dioses la respuesta, y para obligarles a contestar multiplicaban los sacrificios humanos. Las tribus conquistadas satisfacían su tributo a los aztecas, porque ésa era la ley de la tierra. Pero no estaban dispuestas a entregar a sus jóvenes para que los sacrificaran a los dioses aztecas.

Por fin se terminó de recoger el tributo. Incluía todo lo que los aztecas no poseían, o, por lo menos, lo que no les bastaba: algodón, 800 cargas; cacao y vainilla, 400 cargas; centenares de pieles de animal, plumas de ave, escudos decorados con la insignia del clan de los Yopica (premio a su labor en la expedición), vestidos de guerra, *huipillis,* o sea vestidos femeninos, magníficos tejidos. Todo iba destinado a México. Así se enriquecían los aztecas.

Transcurridos los días de temor, prepeparáronse los zapotecas a despedirse formalmente de sus protectores... y destructores. Nadie decía lo que realmente pensaba. Los jefes zapotecas deseaban una vida inmortal al gran Moctezuma. Los recaudadores del tributo les dieron solemnes gracias por la hospitalidad recibida —y por el tributo— y echaron a caminar.

A lo lejos, la larga fila de acarreadores humanos contorneaba ya las colinas que conducían a los grandes bosques de pinabete. Los últimos *tamemes,* es decir, los acarreadores, preparábanse a echarse a las espaldas la carga, cuando los detuvo Águila que Habla. Le siguieron hasta el lugar donde su padre yacía entre grandes dolores. Inclinado encima de él, un curandero le echaba humo de tabaco al rostro para ahuyentar a los portadores del embrujo. ¿Había sido embrujado? Ésta fue la primera pregunta que el curandero le formuló a Átox, pero hallábase éste demasiado mal para saberlo. Un gran sudor le perló la frente, y estremeciéronse sus extremidades inferiores. La fiebre de las tierras calientes había calado en sus huesos. No podía moverse.

Entre los zapotecas hubo una precipitada consulta. No deseaban que se quedase allí. Porque ¿qué ocurriría si muriese? Podrían decir los aztecas que lo habían envenenado. Era preferible librarse de él, que muriera en su tierra. Buscaron al más fuerte de sus indios, y envolvieron a Átox en una fuerte malla. Otros zapotecas le alzaron y le suspendieron de la correa que en la cabeza traía el musculoso guerrero. Luego, a media carrera, el acarreador y Águila que Habla alcanzaron el extremo de la larga columna.

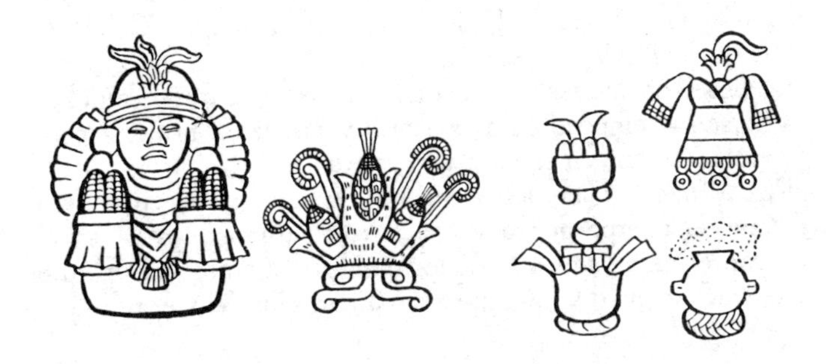

LOS MUERTOS Y LOS NO MUERTOS

Habíase operado un cambio en el hogar de los Átox. En donde una vez bailaron las muchachas, sobre el duro piso de tierra, al son de la flauta que tañía Águila que Habla, sólo se hablaba ahora en susurros. Ninguno de los del clan les visitaba cuando las sombras de la noche se desplomaban sobre la ciudad. Todos conocían, o pensaban conocer, la razón. El hogar de los Átox estaba embrujado.

El curandero había ido una y otra vez. Estaba allí ahora. Sumido en la sombra, Águila que Habla miraba al enfermo. Mucho había cambiado su padre desde su regreso de la tierra de los zapotecas. Su piel naturalmente bronceada estaba pálida, casi tan pálida como la de un muerto. Comía poco. Sudaba constantemente y con lastimera voz pedía agua; dábansela de una calabaza. El curandero le llevaba cuantos remedios conocía, mas no cedía la enfermedad que aquejaba a Átox. Antes de dar a probar sus medicinas purificaba al enfermo con humo de tabaco. Luego empezaba a buscar el dardo embrujado, la "piedra" causante de la enfermedad.

Creían los aztecas, como todos los del primitivo México, que la enfermedad era motivada por "alguien", no por "algo". Alguien que deseaba mal a otro hacía que un dardo o una piedra se albergara en su cuerpo. Alguien había mandado la fiebre desde las montañas, transportada por los vientos del dios del viento. Alguien había logrado que Tláloc, el dios de la lluvia, trajese úlceras o llagas en los pies; otros, los dioses de la noche, daban la ceguera. Otros —muchos lo hacían— empleaban a personas versadas en brujería para producir la enfermedad y la muerte.

En primer lugar, debía quitarse la piedra. El curandero frotaba el cuerpo arriba y abajo, como un masajista. Vivía en conformidad con uno de los nombres que poseía: "El que recupera la piedra." Siempre daba con ella. Vio Águila que

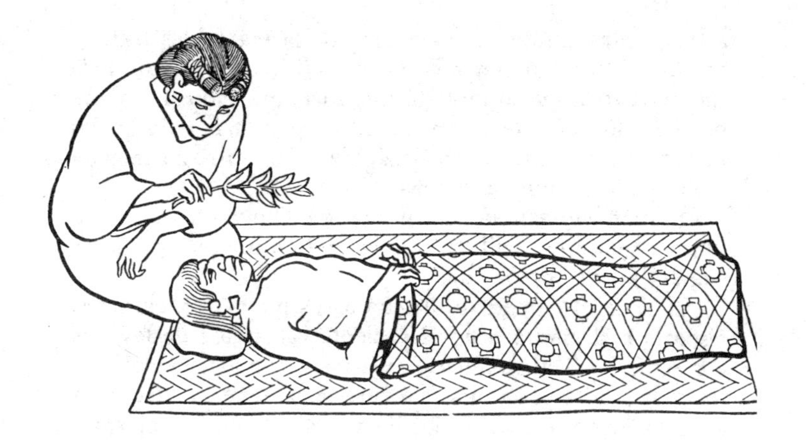

Habla cómo la ponía en su propia mano. Aceptó la cosa; siempre ocurría lo mismo. ¿Por qué? todos creían en ello, y el curandero seguía la costumbre.

Tras hallar la piedra, suministraba la medicina.

Los viejos conocían las plantas; conocían las que sanaban los ojos cansados, las que curaban un resfriado. El curandero tenía un libro de hierbas, un herbario, con el que refrescaba su memoria. Figuraban en él los dibujos de las buenas plantas y la pictografía que daba el nombre de ellas. Eran tan cuidadosos los dibujos que Águila que Habla, viéndolos por encima del hombro del curandero, identificaba las plantas de él conocidas. Tenía muchas páginas el libro; estaban llenas de plantas cuyas virtudes decía conocer el curandero. Llegaba todos los días con las plantas pintadas en el herbario. Desmenuzaba algunas hasta convertirlas en polvo, que soplaba en la nariz del enfermo. A otras las metía en agua caliente hasta que el agua tomaba el color oscuro de la planta. Generalmente, éstas sabían mal. Pacientemente, Átox bebía la infusión aun cuando fuera tan amarga que no pudiese resistirla su estómago. Por último el curandero trajo la planta que solía darse a los que temían, a los enfermos de miedo, no de brujería. Nada consiguieron. Ya no quedaba duda alguna; puesto que la enfermedad no cedía a las plantas curativas, debía causarla la magia, los poderes ocultos. Intentó después la magia. Hiciéronle a Átox toda suerte de tretas, y no protestó una sola vez. No era costumbre hacerlo. No debía protestar. Si protestara, sus quejas podían destruir los poderes mágicos. Ni con esto mejoró; tenía, pues, la muerte encima.

El curandero acudió por última vez. Volvió hasta las últimas páginas de su libro, observó la escritura pictográfica y empezó a leer en voz alta.

"El *tícitl,* el curandero, llegará a sus propias conclusiones respecto a si morirá o no el paciente valiéndose de los ojos y la nariz. . . señal de muerte es la mancha hallada en el centro de la pupila. . . los ojos se oscurecen y no ven. . . También lo es la pulverización de los dientes. . . el musitar palabras sin sentido, al modo de los loros. Úntale el pecho con madera de pino macerada en agua." Y mientras esto decía, el curandero hacía lo que el libro le indicaba. "O púnzale la piel con un hueso de lobo o con una garra de águila." El curandero seguía actuando de acuerdo con lo que leía en el libro. El padre de Águila que Habla no abría los ojos. "Cuélgale junto a las ventanas de la nariz el corazón de un joven halcón envuelto en una piel de venado." No produjo esto reacción sensible, y el curandero, lentamente, se incorporó y se apartó del petate. Empezó a poner en su bolsa

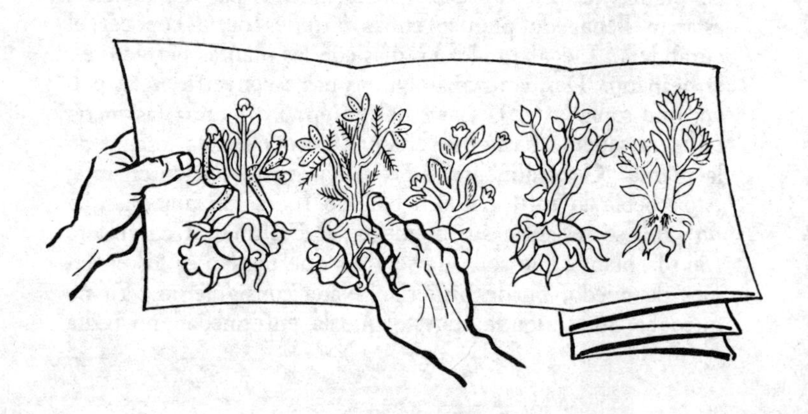

de piel de jaguar los instrumentos profesionales —pipas, tabaco, bálsamo, alas de murciélago, garras de águila, espinas de nopal, un hocico de pez espada... Volvió a leer del libro, y dijo: "Lo fatal está al alcance de la mano... no tardará en sobrevenir la muerte."

Creían los aztecas que el morir era antisocial. Aunque sabían que todos debían morir, el acto de la muerte era considerado como un mal para el clan. Creían que uno jamás muere realmente. Creían que la vida y la muerte solamente eran aspectos de una misma cosa. Cuando uno moría, convertíase en miembro de los invisibles poderes que lo mismo pueden causar bien que mal al clan. El azteca pensaba siempre en sí mismo como parte del clan. Vivía, trabajaba y luchaba como parte del clan; fuera de éste, no existía. La muerte cambiaba el estado de cosas: hallaríase fuera del clan.

El *tonalpouqui,* el brujo, acudió al llamado de Águila que Habla. Como todos los considerados sabios, era viejo. Había visto mil aspectos de la vida. Llevaba la insignia del brujo; tenía perforado el labio inferior y traía en él una pieza de oro. De joven, llevó en sus perforadas orejas grandes ornamentos dorados. Era ahora anciano y ya no se engalanaba como los nobles jóvenes. Despojados de adornos aparecían los lóbulos de sus orejas; esos lóbulos perforados colgaban negligentemente como el hocico del tapir. Llevaba en su mano el rollo sagrado. Lo desenrolló frente al agonizante y empezó a estudiar si moría bajo un signo afortunado o infortunado. Echó unas bocanadas de humo de tabaco y con un incensario desparramó a su alrededor la blanca humareda del copal. Este humo era el signo de los dioses. En primer lugar, el agonizante tenía que confesar.

Todos confesaban; todos los indios de México seguían esta costumbre. El que moría debía confesarse. ¿Ocultaba algo? ¿Sabía lo que causaba la enfermedad? Tal vez no había honrado a los dioses, tal vez había cometido un pecado social, tal vez no había respetado un tabú. Si confesaban, neutralizarían el efecto de su muerte y sabría el clan qué hacer para borrar la mancha. Todos en el mundo azteca sabían que el bien y el mal luchaban para apoderarse del alma del hombre. Debía confesar. No debía convertirse en silencioso asistente del mal.

¿Qué podía hacer el buen hombre? Moría Átox; no tenía fuerzas ni para pronunciar el nombre de su hijo mayor. Desde el día en que nació, el clan, los suyos, su familia, habían hecho lo imposible para evitar su destrucción a manos de los poderes invisibles. No le habían impuesto nombre hasta aparecer un día favorable. Mientras crecía, muchos intentaron enseñarle lo que debía y lo que no debía hacer. Cuando cometió un acto antisocial contra su clan —como beber el embriagante *octli* cuando no podía beberlo— pinchóse orejas y piernas y ofreció a los dioses su sangre. Alrededor del cuello trajo un amuleto de concha y de garra de águila; fue un buen encantamiento que le ayudó a preservarse de los "malos espíritus". Nunca hizo nada sin antes consultar el calendario o el horóscopo, con objeto de

saber si era adecuado el día. Pero en algún momento de su vida debía de haber olvidado algo; en algún instante debió de haber olvidado saludar o demostrar devoción a los dioses. En algún momento, en algún momento, en algún momento...

Apesadumbrado, Águila que Habla dobló las piernas de su padre muerto, en actitud de sentado. Afirmó brazos y piernas, que ató firmemente. Luego, su madre y hermanas trajeron un lienzo acabado de tejer. Sería su mortaja. Pusiéronle en la boca la más bella pieza de jade. Éste era el símbolo de su corazón: un corazón de jade. Tendría que darlo a los dioses en su camino hacia Mictlan, la residencia de los muertos. Cosieron el lienzo, con el cadáver dentro.

Afuera, en una gran plaza alejada al propósito, prepararon una pira funeraria. Situaron encima el cadáver, rodeado de las cosas que poseyera en vida Átox: su escudo, su espada, su mejor túnica. Su esposa, ahora su viuda, preparó para el viaje tortillas y frijoles; para apagar su sed dispusieron unas tazas con bebidas recientemente elaboradas. Nada debía olvidarse; el muerto tenía que estar contento. Porque, en realidad, los muertos no estaban muertos; solamente no vivían y, hallándose solos, podían necesitar llevar consigo algo de los vivos que compartiese su soledad.

Los muertos eran los no muertos. Eran los invisibles miembros del clan. En cuanto pasaban al estado de no muertos, obtenían inmediatamente un gran poder. Y éste podía servir para el bien o para el mal. Así que los que seguían vivos debían asegurar la buena voluntad del que acababa de morir. De lo contrario, podía echarles un encantamiento, del que se perjudicaría el clan. El muerto podía dar mala suerte al clan. Podía surgir una epidemia, o no madurar convenientemente el maíz. O, aun peor, podía sobrevenir un terremoto que echase abajo las casas del clan, que enterrase a su familia. Así, nada debía omitirse en el fardo mortuorio, y el *guacuilli,* el sacerdote del clan, fue a comprobar que nada se echase de menos. El sacerdote era fácilmente identificable. Traía la larga túnica negra decorada con crá-

neos, bordados a lo largo de la orla; en su pelo, coagulada, había sangre de los sacrificios.

Luego, prendían fuego al fardo. Ardían las llamas mientras la familia, sentada, aguardaba el fin. Lloraban y cantaban tristes canciones.

¿Adónde irás?
¿Adónde irás?
Tuyo es el camino de los dioses aparecidos.
¿Estará tu hogar en el lugar de los no muertos?
¿Estará en Mictlan?
¿O aquí, en esta tierra?

Echaron las cenizas del muerto en una urna. El jade, el corazón de jade que resistió el calor del fuego, lo pusieron encima de las cenizas. Si el muerto había sido hombre importante entre los aztecas, depositaban la urna en el templo. Si era, como fue Átox, miembro del consejo del clan, la depositaban en el Tecpan, la casa de reunión del clan.

El azteca creía ser inmortal. Según él, la muerte no era más que una forma de vida. La vida y la muerte tenían la misma realidad. Los que se iban se dirigían al lugar presidido por los dioses que los habían protegido en vida.

En el mundo azteca del más allá había trece cielos y nueve infiernos. A dónde iba uno a dar nada tenía que ver con lo bien que hubiese vivido en la tierra. Ni el cielo ni la tierra eran recompensa. Los lugares a donde iban los muertos estaban determinados por las ocupaciones que desempeñaron en vida. Los guerreros iban al lugar de Tláloc, dios de la lluvia. Los que morían ahogados iban al mismo sitio, porque ése era también el dios del agua. Todos tenían un más allá de acuerdo con lo que hicieron. Los no clasificados iban a Mictlan. Las almas erraban por altas montañas, sufriendo frío y calor, hasta alcanzar la mansión del Señor de la Muerte. Cuando llegaban al séptimo infierno, como prenda de buena conducta, debían dejar la pieza de jade, que los vivos pusieron en sus bocas. Al término del viaje, quedaban situados en el noveno infierno.

¿Y qué hacían los vivos?

Águila que Habla y su familia guardaron luto durante ochenta días. No podían, mientras, comer ciertos alimentos. No podían beber el embriagante *octli*. Las mujeres tenían que cortarse el pelo. Los hombres y los muchachos no podían ponerse plumas de águila en el tocado. No podían cazar ni pescar. Alimentos y bebidas debían ser llevados regularmente a la urna que contenía las cenizas del muerto. Tenían que pincharse los lóbulos y hacerse cortaduras en las piernas para ofrecer en sacrificio su sangre. Al término de ochenta días podían reanudar su vida normal; mas, durante cuatro años, a intervalos regulares, debían repetir ese periodo de duelo.

BODA:
EL ENLACE DE LOS TILMANTLI

Puesto que el hombre debe vivir, prosigue la vida. Solamente el transcurso del tiempo —que nada puede precipitar— mitiga el dolor y renueva las cosas.

Esto debió de pensar Águila que Habla en el curso de esos años grises, los cuatro años del duelo ritual. Un buen día terminó. El alma de su padre, estuviere en uno de los trece cielos o en uno de los nueve infiernos, había llegado a su destino final. Águila que Habla era libre. Había cumplido dieciocho años. Había alcanzado su mayoría de edad. Transcurría el mes de marzo del año 1 Caña: corría, pues, el año de 1519.

Águila que Habla había pensado en casarse. Durante los cuatro años en que veló el alma de su padre muerto, los años en que estuvo confinado, había ido frecuentemente al mercado. Vio un día a una muchacha. Contaba solamente dieciséis años, edad propia para que las muchachas contrajeran matrimonio. Águila que Habla pensó que lucía muy bella con su *huipilli,* colgándole del cuello del corte en forma de V. Supo luego que la casa de ella estaba en el distrito de los Pochta y que su padre era un *pochteca,* uno de los mercaderes que viajaban lejos de México. Mediante una de esas secretas comunicaciones solamente conocidas del amor, le hizo saber cuáles eran sus sentimientos. Veíasele a menudo con ella. Iba a su casa, trabajaba en ella, y hablaba al padre de la muchacha cuando éste le hablaba a él, y le contó de su viaje a Oaxaca. Al parecer, a la familia no le desagradaba el muchacho.

Para los aztecas, el matrimonio no era asunto fácil. En primer lugar, aunque el clan tuviese más de 20 000 miembros, éstos tenían que casarse con alguien de otro clan. Como todos los del clan se consideraban emparentados entre sí, el joven debía buscar a su novia en cualquier otra parte. El casamiento del hombre no era asunto que a él solo atañese. Era asunto de todos. La madre de Águila que Habla estimaba que era demasiado joven para contraer matrimonio y que debía aguardar a cumplir los veinte años, edad en que solía casarse la mayor parte de los varones aztecas. Sin embargo, debido a que Águila que Habla había representado el papel de un hombre desde la muerte de su padre, deseaba serlo en todo. Águila que Habla tenía que presentarse ante el consejo del clan.

Entraba uno en el clan al nacer. El clan proporcionaba tierra para cultivar, otorgaba protección, y los ancianos daban consejos. Además, proveía de escuela para muchachos y muchachas. El miembro del clan no perdía esos derechos a menos que robara, asesinara o hiciera algo en contra del clan. El casamiento pertenecía asimismo al clan. Cualquiera que entrase en el clan debido a vínculos matrimoniales poseía los mismos derechos. El consejo debía asegurarse de quién era el que por ese procedimiento entraba a formar parte del clan. Los clanes sentían celos el uno del otro. Debían poner mucha atención en que una mujer, so capa del matrimonio, no entrara como espía. Los enamorados podían reírse ante las preguntas que les formulaban, pero tenían gran seriedad y habíanle enseñado a Águila que Habla a tratar el asunto formalmente. Las preguntas debían ser formuladas.

El sacerdote del clan trajo el Libro del Destino, el cual contenía la cuenta de los 260 días del calendario sagrado. Estaba escrito en libros de papel doblado, lleno de pictografías que registraban los días afortunados y los adversos, determinados por el movimiento de las estrellas y los planetas.

Tras haber sido instruido por su tío acerca de lo que debía decir y qué cosas debía saber, Águila que Habla dio en primer lugar la fecha de nacimiento de su novia. Vio entonces el sacerdote si las fechas del nacimiento y el destino de ambos estaban en armonía. Todos los miembros del consejo sabían que el que se casara con la hija de un poderoso *pochteca* un miembro del clan era algo afortunado. Sin embargo, la costumbre era la costumbre.

Después de obtener el permiso del consejo, el próximo paso consistía en obtener el consentimiento del padre de la muchacha. Escogía el consejo a dos ancianas para que llevaran obsequios al padre y obtuvieran de él la aprobación. Así se llevaban a cabo las bodas aztecas. El padre rehusaba, claro está. Era la costumbre. Debía siempre rehusar la primera visita y el primer ofrecimiento. Regresaban las ancianas y hablaban y hablaban, según hacen siempre las viejas.

Urgieron a Águila que Habla a aumentar los regalos para la novia; escogió él entre los jades —su más preciado tesoro— y mandó una pieza. Su madre y sus hermanas prepararon los más bellos tejidos. Las ancianas regresaron al distrito de los Pochta. Enzarzáronse nuevamente en una gran discusión. Por fin, tras un largo toma y daca, ambos bandos se pusieron de acuerdo.

En la noche de la boda, las ancianas, que eran las casamenteras, fueron al hogar de la novia y la llevaron al edificio del clan de los Yopica, en cuya gran sala de asambleas estaban reunidos todos los parientes de Águila que Habla. Sentáronse Águila que Habla y su novia, Estrella de la Mañana, en un gran petate situado en el centro de la sala.

Bebían los invitados el *octli,* hecho de aguamiel fermentado del maguey. Finalmente, un anciano se adelantó y enlazó los extremos de las túnicas de los novios, sus *tilmantli.* Ese acto simbolizaba la boda.

Después, por turno, empezaron a hablar los ancianos. Refiriéronse a la virtud, a las costumbres. Cuando uno terminaba, empezaba otro y hablaba éste del deber, de lo necesario que eran los hijos. Y así durante varios días, mientras Águila que Habla y su novia, todavía enlazados, permanecían sentados y mirándose mutuamente.

Al término de esta parte de la ceremonia, separaban a la

pareja por espacio de cuatro días. Cada quien se iba por su lado, mas durante esos días ninguno podía comer. Sólo podía beber cuando le abrasaba la sed. Cuando todo esto estaba hecho, encontrábanse de nuevo y entraban juntos en su casa. Iniciábase un nuevo ciclo de vida.

Al principio, Águila que Habla y Estrella de la Mañana habitaron en la casa del padre del muchacho. Posteriormente, de acuerdo con su derecho, recibió él del clan una parcela de tierra situada junto a uno de los pequeños canales. Empezó a construir con piedra su casa propia, según cuadraba a un hombre cuya familia había figurado siempre en el consejo del clan. Un día, también Águila que Habla sería persona de rango.

Antes de morir, Átox había reunido una gran cantidad de piedra cortada, que guardó apilada por muchos años en el patio de su casa. En realidad, esa piedra era ceniza volcánica que en el curso de millares, o tal vez millones, de años, desde que se extendiera por el llano, habíase comprimido hasta adquirir calidad de piedra. No era difícil partirla, ni labrarla. Con esa piedra, construyó Águila que Habla su casa, uniendo las losas con una mezcla de barro, tierra y cal.

Todos los varones aztecas sabían cómo construir su casa, del mismo modo que las mujeres sabían guisar y tejer. Cada quien debía bastarse a sí mismo como agricultor, constructor y artesano. "El azteca", solía decir el padre de Águila que Habla, "debe ser hombre completo. Si no lo es, perece".

Así, Águila que Habla, ayudado de sus hermanos de clan, edificó su propia casa. La sociedad azteca era una sociedad de cooperación, y acudieron de buena gana a colaborar con él. Algún día, alguno de los que ayudaron a Águila que Habla precisaría de los servicios de éste para construir su casa, y Águila que Habla devolvería el favor que él recibiera de su hermano de clan. El egoísmo era considerado por los aztecas como mala educación. En esta forma se terminó la casa. Según la costumbre, no tenía ventanas. Águila que Habla obtuvo las vigas de madera para la techumbre por medio del canje. Puso encima las tejas, que él mismo hizo. Como todas las casas aztecas, tenía la casa un patio, en donde se cultivaban flores u hortalizas. Con el tiempo, surgiría un árbol. El patio veía a un canal, donde estaba atracada la canoa. Habíase iniciado un nuevo ciclo de vida.

La milpa en la que Águila que Habla trabajó siendo muchacho, le fue cedida por el concejo del clan. La cultivaría como la cultivó su padre, y cuando tuviera hijos, éstos le ayudarían, del mismo modo que ayudó él a su padre, en el mismo campo.

¿Proseguiría, para siempre, tal forma de existencia? La gran tribu azteca, que tenía bajo tributo a todas las otras tribus, ¿proseguiría así sin cesar? Nadie lo ponía en duda. Pero en el curso del cuarto mes azteca, el Mes del Largo Ayuno, reaparecieron las extrañas embarcaciones en el mar. Durante varios días, los corredores mensajeros que traían noticias a su jefe desde la costa, no hacían más que llegar y partir. En esta ocasión decían los mensajes que los extranjeros barbudos habían desembarcado. Habíase entablado otra batalla cerca del mar. . .

Ahora, los fuegos del templo volvieron de nuevo a humear. Nuevamente subieron otros cautivos los 114 escalones del templo-pirámide.

Una extraña sensación de inquietud empezó a desplomarse sobre la gente.

EL LIBRO DEL DESTINO

¿Qué comunicaban las estrellas suspendidas del cielo? ¿Por qué las observaban tan cuidadosamente los sacerdotes? Y ¿por qué debían siempre los aztecas consultar el Libro del Destino antes de emprender alguna acción?

Empezó Águila que Habla a sorprenderse ante esas preguntas naturales. La mayor parte de los aztecas, es cierto, jamás las formulaba. Les bastaba con existir; no buscaban saber cómo habían llegado a existir, ni por qué debían hacer lo que hacían. Águila que Habla era distinto. Sentía curiosidad por naturaleza. Además, su padre y su abuelo habían sido miembros del consejo del clan. Sin duda alguna, él, un día u otro, si se mostraba digno de ello, figuraría asimismo en el consejo. Aunque los jefes aztecas eran siempre nombrados por elección, era costumbre que los jefes surgieran de las mismas familias en caso de merecerlo. El tío de Águila que Habla, hermano de su padre, era miembro del consejo del clan. Creyó que había llegado la hora de que Águila que Habla formara parte de sus reuniones. Era ya tiempo de que Águila que Habla estudiase las estrellas, los planetas y el Libro del Destino, en el que se registraba la cuenta de los días sagrados. Debía también conocer de escritura y poder leer los caracteres pictográficos pintados en los libros de papel doblado. Y debía saber cómo funcionaba el clan.

Cada uno de los clanes, o *calpulli,* era una división de la tribu. Al fundarse en 1325 la ciudad de México, contaba siete clanes; ahora, en este año 1 Caña (1519) existían veinte. Estaban separados entre sí por un muro o límite, y cada uno de ellos elegía un jefe llamado *calpullec*. (La palabra náhuatl *calli* significa casa, indicando que un clan, o *calpulli*, según la mente azteca, no era más que un crecido número de *callis*, o casas. El clan, o *calpulli*, era como una celdilla de la colmena; un conjunto de celdillas constituían la tribu.)

Al jefe del clan le asistía un consejo de ancianos o de hombres distinguidos. Aconsejaban al jefe del clan y veían que la tierra que poseía estuviera equitativamente distribuida entre las familias que lo formaban. Tenían grandes libros de papel en los que se registraban las parcelas de tierra. Sabían cuánto maíz, frijoles o calabazas recolectaba cada individuo de su parcela.

La tierra no pertenecía al hombre que la trabajaba, aunque sí le pertenecía la cosecha. De ésta, el azteca debía dar una parte, tal vez un décimo, en concepto de impuesto. Además, el azteca tenía que pagar sus impuestos en trabajo. Si había que construir un puente, cada uno de los veinte clanes tenía que suministrar igual número de hombres para realizar la obra. Si un guerrero azteca marchaba a la guerra, los de su clan, que quedaban en la ciudad, tenían que ayudar en las labores agrícolas y levantar la cosecha con objeto de que a la familia del guerrero no le faltasen alimentos.

Todos los clanes poseían su propio templo, construido al modo del teocalli de la plaza mayor, aunque mucho, mucho más pequeño. Asimismo tenía cada clan su propio lugar de reunión, el Tecpan. Ahí se reunía el consejo y también ahí estaban los almacenes de maíz, frijol y otros productos que podía necesitar el clan durante una sequía o debido a una mala cosecha. También ahí se guardaban las armas de guerra —lanzas, hondas, espadas, armaduras acolchadas con algodón, escudos y cascos. Cada clan tenía un tótem, o símbolo del clan. Los jefes podían siempre aclarar de dónde provenían los guerreros con sólo observar sus escudos. Las escuelas para muchachos y muchachas hallábanse también en el Tecpan.

Los *calpullecs* de cada clan formaban el consejo supremo

del Gran Tlatoani. Además de representar a los clanes, hablaban en nombre de éstos. Siempre estaban presentes en esas reuniones cuatro de los hombres más ancianos y de mayor experiencia de la tribu. Estos, denominados el Consejo de los Cuatro, eran designados por los cuatro grandes sectores de la ciudad, correspondientes a los cuatro puntos cardinales. Eran los consejeros del jefe. Por regla general, estaban emparentados con él; eran tíos o abuelos suyos.

El Gran Tlatoani era elegido por el Consejo de los Cuatro. Era siempre un noble; es decir, su padre, su tío o su abuelo había sido antes que él Gran Tlatoani, aunque no llegaba uno a serlo por el hecho de haberlo sido su padre. Debía ganar ese derecho. Si los hijos del Tlatoani anterior no eran dignos de ello, el consejo buscaba a otro entre sus descendientes. El actual Gran Tlatoani, Moctezuma II, sólo era sobrino del rey anterior, mas su abuelo había sido el famoso Moctezuma el Colérico, conquistador del sur de México, hasta Guatemala.

Moctezuma II había sido guerrero, y muy notable. Interesóse luego en las estrellas, en el calendario azteca, en los hechiceros, y en predecir el futuro. Lo mandaron a la escuela para sacerdotes, en donde aprendió a leer y a ejecutar dibujos, la forma de escritura azteca. Al igual que los demás estudiantes, tuvo que hacer labores domésticas. Al elegirlo Tlatoani, los que fueron a comunicarle ese gran suceso afortunado lo encontraron, medio desnudo, barriendo los escalones del templo-pirámide.

Era rey de los aztecas desde el año 1503, y caminaba orgullosamente sobre la tierra. Tratábanle casi como a un dios. Nadie podía mirarle directamente el rostro. Al llegar ante su presencia debían todos inclinarse tres veces doblando la cintura, tocando a la vez el suelo con las puntas de los dedos. Y al retirarse de su presencia, debía uno marcharse inclinándose sin cesar.

Tenía una esposa, una mujer muy bella, hija de un gran jefe de otra tribu, y de ella había tenido varios hijos. En su palacio tenía muchas otras mujeres. Éstas le atendían y le traían los alimentos en recipientes de oro, y en un servicio

de plata el agua para lavarse las manos. Tejíanle las túnicas, que no se ponía dos veces seguidas. De oro eran sus sandalias, y cuando salía era transportado en una litera decorada con jade, oro, perlas y con las verdes y doradas plumas del quetzal. Sin embargo, se levantaba a las cuatro de la mañana, la misma hora en que se levantaba el pueblo azteca. Hacía acto de presencia en los juicios, presididos por los ancianos, y veía que todo el pueblo fuese tratado equitativamente y que se administrase justicia. Si sabía de algún funcionario que obraba mal, le daba un castigo peor que a los otros. Todo México progresó bajo Moctezuma. Nunca había sido tan grande y rico. En la ciudad de México había ahora más de 60 000 casas. Como las familias contaban con un promedio de cinco miembros, la población de Tenochtitlan sumaba unos 300 000 habitantes.

¿Cómo conocían tan bien los aztecas su historia? Por los registros que conservaban, en los que anotaban todos sus detalles.

Descubrió Águila que Habla lo importante que era para él estudiar la escritura azteca, aprender a formar los símbolos y dibujos que eran sus letras, construir palabras, y poder leerlas después. En el Tecpan de su clan había escritores-pintores, y cuando Águila que Habla tenía momentos de ocio sentábase y era instruido por el artista.

Esos hombres, denominados *tlacuilo,* aprendieron generalmente la ciencia de la escritura por medio de un sacerdote. Cuando el artista alcanzaba el grado de maestro, llamábanle *tolteca,* nombre del viejo pueblo ya famoso como artista desde mil años antes de que naciera Águila que Habla. Sentado en cuclillas, dibujaba sobre papel de *ámatl* la misma clase de símbolos y pictografías que Águila que Habla había visto cuando fue a Oaxaca a recoger el tributo. Mientras trabajaba, el *tlacuilo* le explicaba lo que un artista debe sentir.

El buen pintor,
artista tolteca de los colores negro y rojo,
creador de cosas con tinta negra mezclada en agua,
debe comprender.
Debe tener a dios en su corazón.
Debe dibujar cosas con su corazón,
y debe hablarle a su propio corazón.
Debe conocer de colores, aplicarlos, sombrearlos.
Dibuja pies y rostros,
esboza las sombras,
intenta lograrlo y lo consigue:
Será llamado tolteca, maestro.
Pinta los colores de las flores; pinta
teniendo a dios en el corazón. . .

También le explicaba el artista el significado de las pictografías que dibujaba en el papel. Esos signos, por ejemplo, eran los símbolos de materiales preciosos. Algunos de ellos —el mosaico, por ejemplo—, eran realistas; mostraba el mosaico una serie de piedrecillas situadas una junto a la otra. Los demás signos tenían el significado que se les daba por acuerdo general. El gran sacerdote debió de haber dicho: "Que este signo sea el del oro", y los pintores estuvieron de acuerdo. Desde aquel día fue usado como el signo del oro. Todos los pueblos de México tenían un nombre-símbolo. Todos sabían ahora que el signo de una cumbre alta significaba *tépec,* o cerro. Si una casa o pueblo se hallaban situadas sobre un cerro, llamaríanse *Caltépec;* si el pueblo estaba en un cerro donde caía abundante lluvia o agua (*atl*), se llamaría *Atépec.*

La escritura no fue invención de los aztecas. Muchos pueblos de México la conocieron antes que ellos. Los mayas, quienes figuraban entre los primeros antepasados pero que seguían habitando Guatemala y Yucatán, usaban la escritura desde hacía dos mil años. Todos la tenían: los toltecas, que habían desaparecido tiempo atrás; los mixtecas; todos los que vivían en el centro de México.

También los números tenían símbolos de valor; un dedo o un punto eran el uno, una bandera equivalía a veinte. Nadie sabía por qué razón, mas así era. Un símbolo que pareciera una pluma, pero que según los sacerdotes sugería un cabello, significaba 400; un costal provisto de una cruz era el símbolo de 8 000.

La escritura más difícil de comprender y de dibujar era la de los retratos de los dioses. Había muchos. Todos con rostro distinto, con diferente significación. Era muy importante reconocerlos puesto que si el retrato equivocado de un dios se situaba en el libro, o si el sacerdote lo interpretaba mal, podía realizar un sacrificio al dios equivocado en día

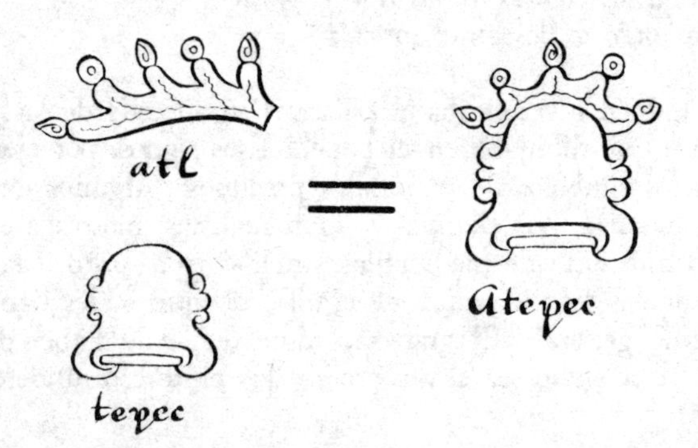

equivocado. Lo que a uno iba dirigido, iría a dar a otro. Enojaríase el dios porque no se le prestaba la debida atención; enojaríase el segundo porque se le había confundido con otro.

En primer lugar, por encima de todos, estaba Huitzilopochtli, el dios colibrí, el sol, y dios de la guerra. Era el dios principal de los aztecas. Venía después Espejo Humeante, jefe del panteón de los dioses aztecas. Luego, el dios Serpiente Emplumada, Quetzalcóatl, dios del conocimiento. Había más de cien dioses, incluyendo el dios creador y los dioses de la lluvia y de la humedad.

Los signos del día eran sencillos. Eran fáciles de dibujar y de leer porque aparecían igual a las cosas que representaban. ¿Quién podía equivocarse viendo una casa, o una serpiente con la lengua colgando de su boca, o el rostro de un mono, o un águila? Había veinte de esos signos de día; había dieciocho meses aztecas, cada uno con veinte días, que hacían un total de 360. No había signo para los cinco días vacíos, los *nemontemi,* los que terminaban el año calendárico, todos ellos infaustos. No tenían signo, ni contaban. Al llegar el fin del año, apagaban los aztecas los fuegos de todo México y esperaban ver si sobrevenía el fin del mundo. Cuando veían salir el sol y las estrellas después de los cinco días vacíos, sabían los aztecas que proseguiría la vida. Precipitábanse todos hacia el fuego sagrado, el único que habían mantenido ardiendo. De él prendían las antorchas, y la ciudad recuperaba su existencia.

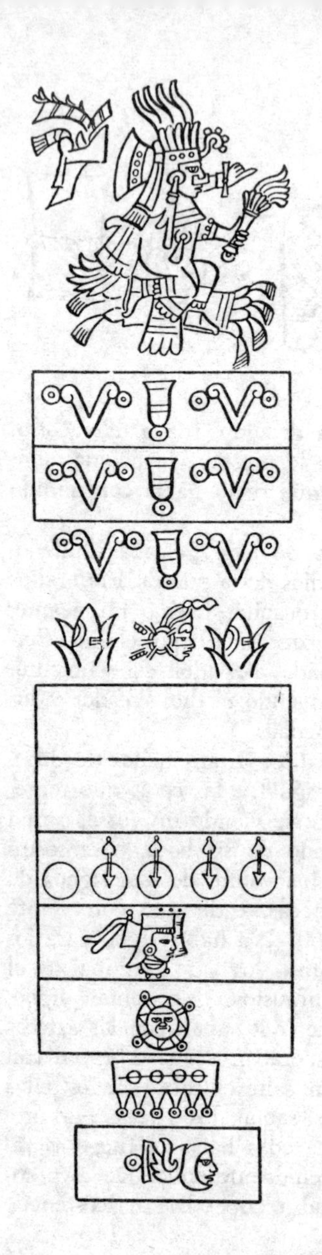

Sin embargo, ¿por qué observaban los aztecas las estrellas con tal atención? ¿Por qué transportaron el movimiento de aquéllas al calendario?

En primer lugar porque eran agricultores. Desde la aurora del tiempo, el hombre advirtió el efecto de la luna sobre las mareas; si vivía lejos del mar, comprobó los efectos de la luna nueva. Por la noche, observando las estrellas, vio que las que aparecían en un lugar durante una estación, desaparecían en la siguiente. Con el tiempo supo que la naturaleza obedece a un ritmo. Supo que esos cambios le afectaban a él. El antiguo pueblo transportó todo esto al calendario. Lo heredaron los aztecas, y le agregaron cosas; intentaban descubrir cuál era ese ritmo. De poder controlarlo, sospechaban que serían capaces de controlar la lluvia, y tal vez el mundo. De lo contrario, la naturaleza y los dioses que la controlaban podrían destruir al azteca y a todos los pueblos del mundo mexicano. He ahí la razón del Libro del Destino, y del contar los días.

Con el auxilio del tiempo Águila que Habla comprendió algo del calendario. Cada mes tenía una pictografía del signo del día. Eran dieciocho los meses. El primero empezaba el día 12 de febrero, y se llamaba el mes Necesitado de Agua. Llovía hasta el 3 de marzo, o sea durante veinte días. Otros seguían hasta transcurrir dieciocho meses de veinte días. Terminaba el año el día 6 de febrero. Empezaban entonces los cinco días vacíos, los *nemontemi*, que completaban los 365 días. Éste era el calendario solar.

Agregado a él estaba el calendario sagrado, el Libro del Destino. Llamábase *tonalpohualli* y cubría un periodo de 260 días. Este calendario empleaba asimismo los signos del día, la pictografía de la casa, la del conejo, la de la serpiente, la del águila, y el resto de ellos. Pero el mes sagrado tenía solamente 13 días.

Cualquier movimiento en los cielos era registrado por los sacerdotes. Era importante saber cuándo el planeta Venus completaba su vuelta alrededor de la tierra, cuándo se originaría un eclipse solar, y cuándo la tierra sombrearía a la luna. Todo esto afectaba a la gente. Como bien sabía

Águila que Habla, nada serio se emprendía sin consultar antes el horóscopo. No podía imponerse nombre a una criatura a menos que los planetas estuvieran en posición "favorable". La mujer no empezaba a modelar un cacharro de arcilla a menos que el día fuera indicado, por temor de que se rompiera la arcilla. Ningún jefe guerrero iniciaba la campaña a menos que estuvieran ya próximos los días afortunados.

Mientras más escuchaba todo esto Águila que Habla, tantas más vueltas daba su cabeza con números y fechas. El *tlacuilo* o pintor era muy paciente; cosas como éstas no se aprendían fácilmente. Intentaba simplificarlas. Quitó dos ruedas de un juguete que su hijo arrastraba. En una de ellas pintó los signos diarios de los 365 que formaban el año solar, los dieciocho meses de veinte días. En la otra pintó los signos diarios de los 260 días del año que tenía veinte meses de sólo trece días. Unió los dos calendarios, como una rueda dentada. Cuando una daba vueltas, giraba la otra de modo que el joven pudo observar la relación entre el calendario sagrado de 260 días con el solar de 365. Demostró a Águila que Habla que al unirse indicaban dos fechas (por ejemplo, 7 Conejo, 2 Cocodrilo) imposibles de confundir. Esas dos fechas no volverían a repetirse hasta haber transcurrido cincuenta y dos años. Éste era el gran ciclo.

Esos ciclos tenían mucho que ver con la influencia de los planetas, de la luna o de las estrellas sobre el hombre. Si éste nacía en el año 5 Caña, sería mercader; si nacía en el año 7 Águila, sufriría de trastornos cardiacos. Todos los días habían sido estudiados por los sacerdotes y los astrónomos con objeto de determinar si eran afortunados o desdichados. Por esto observaban las estrellas y ponían tanta atención en que a un recién nacido le impusieran el nombre en un día afortunado.

Corría ahora el de 1519, un año infausto. Había que considerar todo lo que estaba comunicado en México. Una mujer había dado a luz a un niño con dos cabezas; un río siempre seco se había desbordado, ahogando a los hombres que caminaban por el reseco lecho. Y por lo que se refiere a los rumores sobre aquellos extraños hombres barbudos, y sus extrañas embarcaciones, que desembarcaran en las playas de Yucatán, y que iban y venían... La Serpiente Emplumada había profetizado al marcharse de México, muchos, muchos años atrás, que regresaría. Que regresaría el año 1 Caña. El artista volvió lentamente las hojas del Libro del Destino y desistió de sacar la cuenta exacta. Ese año era irregular, y sólo podía coincidir con los años de 1467 o de 1519.

Sabía todas esas cosas el azteca porque observaba el cielo. Y cuanto observaba, lo trasladaba a esos sagrados almanaques.

En el curso de la noche, solo, Águila que Habla miraba al cielo. Siempre lo había mirado, puesto que esos millares de relucientes estrellas hacían más amigable la noche. Sin embargo, ahora las estrellas ya no eran solamente estrellas. En una u otra forma esos pequeños mundos poseían su destino. Las estrellas ya no volverían jamás a ser únicamente estrellas.

LOS HOMBRES DEL CASCO DE HIERRO

Al alborear, el batir de los tambores despertó a la gente, como siempre. Mas en esta ocasión, en ese recordado día de octubre, el mes de la Fiesta de las Montañas, sonó otro rumor, un rumor más profundo que el retumbar de los tambores. Estremecióse la tierra.

Águila que Habla se unió a los demás que llenaban la calle. Todos los rostros estaban vueltos hacia el Popocatépetl, el volcán cubierto de nieve. Había entrado en erupción. Subían las llamas al cielo y un rumor profundo sacudía la tierra. La lava chorreaba por las laderas, fundiendo la nieve. Precipitábase el agua con gran ímpetu en los lagos de México. Hacía muchos años que el "Popo" no entraba en erupción. Su gemelo, la montaña cubierta de nieve, llamada la Mujer Dormida porque parecía una mujer dormida bajo un lienzo de algodón, seguía como siempre: durmiendo.

Proseguían las llamas brotando del "Popo", aún después de alzarse el sol y de que ya no fueran visibles desde la ciudad. Luego, levantáronse las aguas del lago. Grandes olas llegaron a la ciudad, y el nivel del agua subió hasta los puentes y lamió la plaza.

Ésta era otra de las cosas extrañas que ocurrían en México. Habíanse dicho muchas tonterías durante algún tiempo. Hablaba la gente de una columna de fuego visible todas las noches en dirección este. Los rayos habían destruido dos templos, y alguien vio un cometa tan brillante que aun podía distinguirse durante el día, cruzando el cielo. Oyó un hombre una voz de mujer que venía del lago y decía en voz alta y clara, en su propio idioma "¡Mis hijos, mis hijos, estamos perdidos. . . perdidos!"

Luego sucedió lo del extraño pavo que trajo un cazador desde la selva. Tenía, decíase, un espejo en la cabeza. Tan rara era la cosa que acudió Moctezuma a verlo. Al mirar

por primera vez en el espejo, vio en él reflejadas las estrellas, cosa por cierto extraña, y al volver a mirar vio hombres barbudos caminando. Requirió la presencia del sumo sacerdote para que a su vez observara ese pavo con un espejo por cabeza, y para que le dijera qué cosa veía. Mas antes de llegar el sacerdote, el pavo rompió el espejo y echó a volar.

Eran tiempos revueltos. Al dirigirse a sus campos, los agricultores aztecas no hablaban de otra cosa. Al parecer, cada quien tenía algo nuevo que contar, algo que había visto u oído.

Una noche, cuando los agricultores regresaban a la ciudad desde sus milpas en tierra firme, escucharon el rumor del gran tambor. Escuchábase desde una gran distancia de la ciudad, como si él trueno cañonease desde los cielos. En las calles hervía la gente. Comúnmente, a esas horas estaban en sus casas, despachando la cena, la mayor comida del día. Ahora hallábanse todos en la plaza. Los fuegos sagrados brillaban como nunca, y el ruido que metía el gran tambor de madera, el que tenía dos lenguas, era tan alto que los aztecas no podían hacerse oír. Los escalones del templo estaban cubiertos de sangre de arriba abajo, y los cadáveres de los sacrificados yacían todavía en ellos.

Moctezuma había pasado el día en el templo. Los que lo conocían jamás le habían visto tan preocupado. Ahora, decían, estaba encerrado con sus hechiceros, tratando de descifrar las últimas informaciones acerca de los extranjeros recién desembarcados en la costa, que habían barrido a los guerreros aztecas con la misma facilidad con que se disuelve una bandada de moscas.

A medianoche citaron al consejo del clan para que escuchara al mensajero de Moctezuma. El tío de Águila que Habla, llevando una antorcha de tallos de pasto impregnados en alquitrán para alumbrar el camino, con objeto de no caer en algunos de los canales, dirigióse al Tecpan, donde estaban reunidos los consejeros del clan. Hacía frío, por lo que los jóvenes asistentes al acto prendieron los braseros, grandes recipientes de arcilla, en los que ardían las brasas. Las llamas y el calor escapaban a través de los agujeros de ventilación practicados en los cuatro lados.

Al mensajero y a los ancianos del Gran Consejo les mandó llamar Moctezuma, quien había encargado que le despertaran tan pronto como llegaran noticias. Habían llegado esa noche, a las once, con los corredores que en relevos venían de la costa, a cuatrocientos kilómetros de distancia. Trajeron con ellos una historia pictografiada de lo que estaba ocurriendo en la costa. Pocas horas después llegaron también los embajadores a los que el Gran Tlatoani mandó allí con objeto de que oyeran un informe verdadero. Aparecieron cuidadosamente manchados de la sangre de una víctima de sacrificio para quedar purificados; los grandes sacerdotes les envolvieron en humo de copal. Estaban ya listos para tomar la palabra. Habían ya mostrado a Moctezuma la escritura. Ahora, el anciano jefe la desenrolló ante los ojos del consejo de los Yopica para que vieran y se sorprendieran mientras narraba su relato.

"En primer lugar, llegaron en barcos provistos de torres. Su piel es más blanca que la nuestra, y gastan larga barba y cabellera. Tienen un trueno que habla, y cuando estalla el tiro en su vientre produce una rociada de chispas. El humo huele horriblemente, y a muchos de nosotros nos enfermó. Cuando la pelota choca contra un árbol, el árbol se pulveriza."

El artista pintó fielmente todo cuanto dijo el jefe. El consejo observó el cañón, las chispas, el árbol, los barcos.

"Y en cuanto a los hombres van armados en hierro, y en sus cabezas traen cascos de hierro. Montan animales, en algo semejantes a nuestro venado, aunque más altos y pesados; montados en sus lomos, adquieren una gran altura. De los cascos de hierro solamente aparece su rostro. Algunos tienen pelo negro, rubio otros. Pero no comen corazones humanos."

En la macilenta luz de la sala todos los consejeros, olvidándose de la digna compostura, se apiñaron alrededor del dibujo de esos animales que parecían venados, y que eran caballos.

"Y en cuanto a sus perros: son muy grandes, tienen dobladas las orejas, colgantes los belfos y llameantes ojos fieros... unos ojos pálidos... y vacías las barrigas. Tienen la lengua de fuera, jadean constantemente, tiene lunares su pelo, como el jaguar."

Esta fue una información sorprendente. Los aztecas conocían los perros; eran unos pequeños animales, algunos desprovistos de pelo, como esos que traían de un lugar denominado Chihuahua. Algunos indios los comían; otros los adoraban. Algunos aztecas los tenían en su casa en calidad de animal mimado, mas ninguno de ésos se parecía a los dibujados por el artista.

Moctezuma precisaba del consejo de sus consejeros. ¿Qué o quiénes serían esas gentes? ¿Eran dioses? ¿Sería su jefe la Serpiente Emplumada? Dijo éste que regresaría a México el año de su nacimiento, y el que corría era el 1 Caña. Habíase manifestado contra los sacrificios y, a título de prueba, los altos sacerdotes habían ofrecido un platón de corazones humanos al que parecía ser jefe de esos hombres extraños, al que llamaban Cortés. Ese hombre de casco de hierro quedó sobresaltado ante la ofrenda y de un golpe derribó el platón. Todas las pruebas que con él hicieron parecían demostrar que era Serpiente Emplumada, cuyo arribo tanto aguardaron y temieron los mexicanos. Así, ¿qué pensaba el consejo de todo esto?

A la mañana siguiente, un numeroso grupo de altos sacerdotes y de nobles se apresuraba en la gran calzada, caminando en dirección a la costa. Los acompañaban los acarreadores, doblados bajo la carga de obsequios. Llevaba uno de ellos un gran símbolo del sol, grande como una rueda, labrado con figuras y dibujos. Era de oro macizo. Otro transportaba un disco de plata del mismo tamaño que el sol de oro. Estaba asimismo magníficamente labrado de símbolos y dibujos, y hecho de plata maciza. Un tercero llevaba un tocado de plumas, como los aztecas no habían visto otro en su vida. Lo habían elaborado con las plumas verde-doradas de la cola del quetzal, el que habitaba en las lluviosas selvas, hacia el sur. Cada pluma medía más de un metro de longitud, y como una de esas aves sólo produce dos iguales al año, fueron necesarias 200 de esas raras y bellas aves para obtener tal cantidad de plumas. La corona del tocado la formaba un espléndido tejido con esmeraldas, jades y turquesas engarzadas. Era digno de un dios, y hacia un dios lo llevaban. Porque Moctezuma había resuelto que esos extranjeros eran realmente los legendarios dioses que regresaban de legendarias tierras.

"La Serpiente Emplumada ha regresado".

LA LLEGADA DE LOS DIOSES

Los aztecas aguardaban.

Sólo aquellos cuya cosecha debía ser recogida en esos días, iban a las milpas. Los demás permanecían en sus casas, esperando... Sin embargo, no cesaban de trabajar, ya que en sus casas la gente elaboraba cerámica, o sandalias de fibra de maguey, o petates, o cualquier cosa que supieran hacer.

Águila que Habla hacía espejos; era experto en un arte que pocos conocían. Habíalo aprendido de su padre. En los mercados buscaba piezas grandes de obsidiana. La obsidiana es roca fundida, arrojada por los volcanes, que al enfriarse endurece y adquiere calidad de cristal quebradizo. El azteca sabía cómo partir el cristal: aplicaba un formón de piedra a cualquier pequeña hendedura que aquél tuviese y de un ligero martillazo lo partía de manera que obtenía unos filos cortantes como una navaja.

La familia de Águila que Habla había hecho siempre espejos. Sabía cómo cortar y dividir un pedazo grande de cristal y extraer de él una pieza casi sin defecto. Luego empezaba a pulirla, utilizando en primer lugar arena tosca y después arena fina; tras unas semanas de trabajo, la pieza quedaba tan pulida que en ella se reflejaba un rostro con la misma limpidez que en una superficie de agua. Era famosa su familia por esos espejos negros; el arte de hacerlos pasaba de padre a hijo. Así había ocurrido generación tras generación. Ahora, hallándose el mundo azteca trastornado a consecuencia de las alarmantes noticias de los extranjeros que hacia ellos se dirigían, era agradable tener algo que hacer con las manos. Llenaba las horas. Era mejor que estarse esperando... esperando...

Los extranjeros marchaban hacia México. El mes de la Fiesta de la Codorniz había apenas empezado —el mes que se iniciaba a fin de octubre, cuando el azteca llevaba a cabo la caza ceremonial— cuando llegaron terribles noticias. Habíase librado una batalla en la ciudad sagrada de Cholula; los extranjeros, sospechando una emboscada, habían atacado a los mixtecas. Dispararon los cañones y mataron a muchos jefes. Ahora hallábase en México uno de los jefes mixtecas, exigiendo la lucha contra los extranjeros.

"No son dioses. Son humanos. Puede herírseles, y pueden morir", exclamaba. Para comprobarlo, trajo con él la cabeza de un español —una terrible visión, con su barba y su desgreñado pelo rubio— y la de uno de esos animales que el extranjero montaba.

Sonaron los cuernos de guerra. Partió del templo el rugir de los cuernos graves, que sólo se tocaban en caso de guerra, y los otros templos, los de los clanes, se unieron al mayor. Águila que Habla, como todos los de su clan, se fue corriendo al Tecpan. Era un *iyac,* un guerrero joven y agricultor a la vez. Suponíase de él que tenía que luchar, y como creía que utilizar las armas constituía el más grande de los honores, se preparó inmediatamente. Los hombres recibieron armas y se cubrieron con la armadura, una especie de vestido acolchado de algodón empapado en salmuera. Si estaba bien hecha la armadura, era capaz de resistir a la saeta o al golpe de la espada. Diéronles después el escudo *chimalli.* Éste estaba construido de madera y recubierto de piel animal; encima aparecía una pluma indicando el tótem, o insignia, del clan. El arma de que más gustaban los aztecas era la jabalina, una vara de madera lisa rematada con una punta de obsidiana. Con el auxilio de la lanzadera, la arrojaban con fuerza singular.

En época de guerra, los clanes elegían un capitán, cuya autoridad duraba lo que la guerra. El guerrero azteca era duro y espartano. Desde la infancia había sido adiestrado así, y podía caminar o correr muchos kilómetros. Podía acarrear 25 kilos de peso en las espaldas durante todo un día sin protestar. La guerra era un estado honorífico. Mientras mayor número de enemigos capturaba un guerrero; tanto más le estimaban.

Sin embargo, debido a la naturaleza de la tierra, las batallas eran de corta duración. Los aztecas no tenían animales de carga; debían transportar todas su impedimenta a cuestas. Si la batalla no se resolvía en unos pocos días, terminaban las piedras de las hondas, las flechas, las jabalinas y la comida. Veíanse obligados a regresar a su casa, aunque volverían al campo de batalla. A veces un solo combate bastaba para ganar la guerra, porque los aztecas eran los más feroces guerreros de todo México.

Pocas eran las tribus capaces de hacerles frente. Al presentarse a la batalla, el sólo verles inmovilizaba el corazón. Los Caballeros Águila, en su uniforme de guerra, hecho de plumas de águila, y con sus tocados que imitaban la abierta boca del animal, asustaban a los que los veían. Lo mismo ocurría con los Caballeros Jaguar, cuyas máscaras-casco les daban apariencia de jaguar. Los otros clanes iban pintados de colores diversos; juntaban los escudos, de modo que la columna se enroscaba al marchar lo mismo que una serpiente. Gritando de manera tan terrible que el enemigo sentía escalofríos en la columna vertebral, aproximábanse. En primer lugar, los honderos, arrojando guijarros del tamaño de un huevo de ganso, llenaban los cielos de piedras, que caían como granizo. Luego los arqueros se adelantaban disparando las saetas contra las filas enemigas, y a su amparo, los lanceros se agachaban y arrojaban sus jabalinas. Al mismo tiempo, otros guerreros, blandiendo sus mortales *maquáhuitl*, o espadas, entraban en la liza. El objetivo consistía en poner en fuga al enemigo, y en la confusión, apoderarse de su jefe. Al ser éste capturado, terminaba generalmente la batalla.

Apenas se armaron los guerreros del clan de los Yopica, cuando, tras del capitán, partieron hacia la gran plaza. Otros clanes hallábanse ya reunidos frente a la piedra de Tizoc. Ardían las antorchas y seguían sonando los cuernos de guerra. La piedra de Tizoc era la piedra de la guerra. Era circular, medía unos dos metros y medio de diámetro y en ella habían labrado escenas de batalla. Uno de los relieves mostraba a Tizoc, quien fuera Gran Tlatoani cincuenta años atrás, sosteniendo a un enemigo por el pelo. Éste era el símbolo de la victoria. Cuando se daba la orden de luchar, todos los capitanes acudían a la piedra de la guerra.

De un lado a otro de la piedra iba y venía un vehemente joven. Era Cuauhtémoc, primo de Moctezuma y jefe de la acción que iba a librarse contra los extranjeros. Estaba magníficamente ataviado. Su tocado se levantaba muy por encima de la cabeza; lo remataban las plumas de quetzal, que ondeaban mientras caminaba para arriba y abajo dando grandes zancadas, y hablaba a gritos al pueblo. Traía en las manos una jabalina enjoyada, que levantaba a la vez que se dirigía al pueblo, y hacía como que la arrojaba a un enemigo que tuviese frente a sí. Explicaba lo que los aztecas harían a esa gente y a todas las gentes que invadiesen su país. Refiriose a la grandeza azteca. Habló de Moctezuma, el Gran Tlatoani. Espoleó la furia combativa de los guerreros.

Después ocurrió algo extraño. Surgió de las sombras el Consejo de los Cuatro, los principales consejeros de Moctezuma. Llamaron aparte a Cuauhtémoc y departieron con él, en la sombra. Fuese entonces el jefe guerrero y adelantóse uno de los consejeros. Moctezuma y los hechiceros que habían consultado el futuro, acababan de resolver —dijo tranquilamente— que los extranjeros eran dioses. Creían que formaban el séquito del dios Serpiente Emplumada. Mañana, a mediados del décimocuarto mes azteca, el mes de la codorniz —día 8 de noviembre de 1519— los extranjeros entrarían en la ciudad. Todo el pueblo azteca recibió órdenes de salir al paso de ellos como si fueran dioses. Los extranjeros solamente venían a México para inaugurar una nueva era de paz y felicidad.

A la mañana siguiente Águila que Habla, lo mismo que millares de aztecas, estaba en la azotea de su casa, presa de la impaciencia por observar la llegada de los dioses. Podía ver en lejanía los extraños hombres barbudos montados sobre extraños animales avanzando por la calzada que unía la capital azteca a tierra firme.

Poco antes, había pasado por ella el gran Moctezuma para salir a su encuentro. Iba en su litera y le asistían los nobles del reino. Con él iban el señor de Cuitláhuac, adornado su labio inferior con una verde esmeralda, y el señor de Tacuba, tan fiero que decíase de él que cuando montaba en cólera lloraba lágrimas de sangre. Todos los aztecas presenciaron los saludos que hizo el Gran Tlatoani a los dioses recién llegados.

Luego, la procesión encaminó sus pasos hacia la calzada principal, la que conducía a la gran plaza, al palacio de Moctezuma. Al aproximarse, pudo apreciar Águila que Habla cuán distintos eran, y a la vez cuán semejantes. Su pelo, sus vestidos y armas eran diferentes; mas los extranjeros tenían ojos y dientes como los aztecas, y sonreían y charlaban. Aunque hablaban un idioma que nadie comprendía, parecían hombres. En primer lugar llegó el jefe. Gastaba barba y llevaba un casco de hierro, en el que ondeaba una pluma blanca; a su lado caminaba una muchacha india. Después iban los otros, montados en sus animales. Todo lo que los artistas representaron en sus dibujos estaba ahí: la cruz, el cañón, la ballesta, el arcabuz, las espadas de hierro, los grandes mastines.

Detúvose la procesión un momento frente a Águila que Habla. Mirándole a él había un hombre barbudo con casco de hierro. Sonreía, mostraba sus blancos dientes, le saludaba moviendo la mano.

"Sigue, Bernal Díaz, sigue", dijo otro barbudo tras de él. Y ese mismo Bernal Díaz, años después, escribió:

Quiero ahora decir la multitud de hombres, mujeres y muchachos que estaban en las calles y azoteas y en canoas en aquellas acequias, que nos salían a mirar. Era cosa de notar, que ahora que lo estoy escribiendo se me representa todo delante de mis ojos como si ayer fuera cuando esto pasó.

Dos años después, la totalidad de esa bella ciudad fue destruida por la guerra. Águila que Habla murió junto con incontables millares de guerreros que intentaron defenderla. Fue una guerra terrible. Fueron tantos los muertos que a los aztecas no les alcanzaba el tiempo para enterrarlos. Explicó Cortés a su rey: "...viendo cómo estaban resueltos a morir sin rendirse como nunca hizo raza de hombres, no supe por cuáles medios... cómo salvarnos nosotros y evitar destruirles a ellos y a su ciudad... una de las más bellas del mundo..."

El día de San Hipólito, 13 de agosto de 1521, rindióse el último azteca y la maravillosa ciudad de Tenochtitlan pasó al recuerdo.

CUADRO CRONOLOGICO

AÑOS	MUNDO AZTECA	RESTO DE AMÉRICA	RESTO DEL MUNDO
1100–1200	Los pueblos aztecas empiezan a emigrar hacia Anáhuac 1168 Declina la civilización tolteca		Cruzadas a Tierra Santa, 1096-1270
1200–1300		Declina la civilización maya	
	Los aztecas se establecen en Chapultepec		La Carta Magna en Inglaterra, 1215 Gengis Khan conquista el Asia Central y China, 1206-1221 Los mongoles derrotan el Imperio Árabe Viajes de Marco Polo, 1271-1295
1300–1400	Se funda Tenochtitlan en el Lago de Texcoco, 1325		Tamerlán domina toda Asia, desde Rusia hasta el Golfo Pérsico China: Dinastía Ming
1400–1500	Itzcóatl (gran adelanto de la civilización azteca) Conquista de las tribus vecinas Construcción de templos y calzadas Moctezuma I, el colérico Construcción del Acueducto desde el bosque de Chapultepec		El Renacimiento Invención de la imprenta, 1439 Los turcos otomanos conquistan el Imperio Bizantino y la mayor parte de Asia; bloquean las rutas comerciales del Lejano Oriente

El territorio azteca se extiende desde el Atlántico hasta el Pacífico

Los moros son expulsados de España, 1492

Colón descubre América, 1492

Vasco de Gama en la India, 1498

Américo Vespucio descubre el Amazonas, 1499

1500–1600

Apogeo de la civilización inca

Moctezuma II (la civilización azteca alcanza la cúspide)

Ponce de León en la Florida, 1512

Balboa descubre el Pacífico, 1513

Exploración y conquista del Caribe y el norte de América del Sur

Conquista de México por Cortés, 1519-1521

Destrucción de Tenochtitlan; en su lugar se erige la Ciudad de México, 1521

Viajes de Magallanes alrededor del mundo, 1519-1522

En Viena se detiene la expansión turca en Europa, 1529

Pizarro conquista el Perú, 1531-1535

De Soto descubre el Mississippi, 1541

La Reforma Protestante

BIBLIOGRAFIA

Benítez, Fernando, *La ruta de Hernán Cortés;* México, Fondo de Cultura Económica, 1950.

Calderón de la Barca, Marquesa de, *La vida en México,* edición y prólogo de F. Teixidor, México, Editorial Porrúa, 1958.

Caso, Alfonso, *El pueblo del sol;* México, Fondo de Cultura Económica, 1953.

Díaz del Castillo, Bernal; *Historia verdadera de la conquista de la Nueva España;* 3 vols., México, Robredo, 1939. Véase también la edición preparada por J. Ramírez Cabañas, 2 vols., México, Editorial Porrúa, 1955.

Garibay K., Angel Ma., *Historia de la literatura náhuatl,* 2 vols. México, Editorial Porrúa, 1953-1954.

León-Portilla, Miguel, *Los antiguos mexicanos a través de sus crónicas y sus cantares;* México, Fondo de Cultura Económica, 1961.

Séjourné, Laurette, *Pensamiento y religión en el México antiguo;* México, Fondo de Cultura Económica, 1957.

Soustelle, Jacques, *La vida cotidiana de los aztecas en vísperas de la conquista;* México, Fondo de Cultura Económica, 1956.

Toscano, Salvador, *Cuauhtémoc;* México, Fondo de Cultura Económica, 1953.

Vaillant, George C., *La civilización azteca;* México, Fondo de Cultura Económica, 1944.

Visión de los vencidos, Relaciones indígenas de la conquista (edición de Miguel León-Portilla y Ángel Ma. Garibay K.), 2ª edición, Universidad Nacional Autónoma de México, 1961.

INDICE ANALITICO

LOS AZTECAS
SE IMPRIMIÓ EN LOS TALLERES DE
OFFSET LIBRA, S.A.
FRANCISCO I. MADERO, NÚM. 31
COL. SAN MIGUEL IZTACALCO
MÉXICO, D.F.

SE TIRARON 1,000 EJEMPLARES

IMPRESO Y HECHO EN MÉXICO
PRINTED AND MADE IN MEXICO